理性地判断，建设性地表达

春天来时，栖身何处？风行平野，虎卧花树。

插画摘自 @ 老树画画

决策之道

·越重要的人越需要·

正和岛 主编

第1辑

中国财富出版社有限公司

图书在版编目（CIP）数据

决策之道 . 第 1 辑 / 正和岛主编 . — 北京 : 中国财富出版社有限公司 , 2022.2

ISBN 978-7-5047-7648-8

Ⅰ . ①决…　Ⅱ . ①正…　Ⅲ . ①企业管理 — 经济决策　Ⅳ . ① F272.15

中国版本图书馆 CIP 数据核字（2022）第 022434 号

策划编辑 郑晓雯　**责任编辑** 张红燕　郑晓雯　**版权编辑** 李　洋

责任印制 梁　凡　**责任校对** 卓闪闪　**责任发行** 董　倩

出版发行 中国财富出版社有限公司

社　　址 北京市丰台区南四环西路 188 号 5 区 20 楼　**邮政编码** 100070

电　　话 010-52227588 转 2098（发行部）　010-52227588 转 321（总编室）

010-52227566（24 小时读者服务）　010-52227588 转 305（质检部）

网　　址 http://www.cfpress.com.cn　**排　　版** 北京正和岛信息科技有限公司

经　　销 新华书店　**印　　刷** 鑫艺佳利（天津）印刷有限公司

书　　号 ISBN 978-7-5047-7648-8 / F・3398

开　　本 787mm × 1092mm　1/16　**版　　次** 2022 年 2 月第 1 版

印　　张 6.5　**印　　次** 2022 年 2 月第 1 次印刷

字　　数 142 千字　**定　　价** 198.00 元

出品人 | 刘东华
执行委员会 | 黄丽陆　杨云　史船　陈为　林定忠
总编辑 | 陈为

主编 | 曹雨欣
执行主编 | 王夏苇
首席设计 | 李换
编辑 | 田兴宇　刘靖阳

地址 | 北京市海淀区中关村东路1号院清华科技园创新大厦B座9层（100084）
电话 | 010-62539800

正和岛官方微信 | zhenghedao
正和岛APP | 正和岛
正和岛微博 | @正和岛标准
正和岛网站 | www.zhisland.com

本书采用环保纸印刷

写在《决策之道》公开出版时

刘东华

正和岛创始人兼首席架构师

今天大家看到的《决策之道》，原本是正和岛坚持做了10年的一份内部资料叫《决策参考》。所谓“内部”，第一，它不是公开出版发行的；第二，它是专门给花了钱成为正和岛重要客户的企业家准备的，外面看不到。就因为是专门给正和岛的企业决策者看的，所以才叫《决策参考》；就因为决策者的决策在很大程度上会决定一件事甚至一家企业、一项事业的成败，所以才把这本《决策参考》定义为“越重要的人越需要”，越重要的商界决策者越需要。

那么，一份定期更新的内部资料，为什么要拿出来正式出版发行呢？而且还定价这么高？这当然要感谢对正和岛产品服务给予高度评价甚至爱不释手的“岛亲”（正和岛上企业家客户相互之间的昵称）朋友们，他们对《决策参考》的珍视有时会让我们感动到不好意思的程度：有一位世界500强企业的创始人、董事长收到每期《决策参考》后至少读三遍，每一遍都会用不同颜色的笔做出批注，以至于有一天我来到他的办公室，看到书架上排列整齐的一本本《决策参考》时，发现每一本都比原本的样子厚出了好多。其他的书他可以借给别人，《决策参考》他一本都舍不得借。类似的例子还有很多，岛亲们的这种厚爱不但让正和岛内容团队的小伙伴们更有动力和信心，也使得这份内部资料的口碑不断传播放大，有多家出版社的朋友找上门来，希望通过公开出版惠及更多读者尤其是广大商界决策者。因此，我在这里还要真诚感谢中国财富出版社领导和双方团队，正是有了他们，才有了大家看到的、更名为《决策之道》的公开出版物。

说到价格，这种厚度的书定价198元似乎有点贵，甚至很难找到比它更贵的。其实在读了多年《决策参考》的岛亲们看来，这个定价还是定得太低了，没有把它的珍贵性和独特性通过定价体现出来。对于正和岛提供的某些产品和服务，一些岛亲喜欢说一句话："最贵的就是最省的。"为什么这么说呢？因为对于一个决策者而言，最贵的永远是时间，是机会成本，更是重大的判断失误和决策失误。如果有一种产品或服务能够实实在在帮助决策者在节省时间的前提下，把握正确的机会、避免不必要的判断和决策失误，那么这个产品和服务应该值多少钱呢？应该怎样定价合适呢？因此，这个定价必须承载两个功能：第一，标示价值；第二，提醒读者认真对待这种价值。

我曾经多次对内容团队的同事讲，在今天这样一个信息爆炸、人类一天生产的信息量一个人10辈子都消化不完的时代，对人们最大的一个挑战是信息挑选和处理。在整个世界运转速度越来越快，信息碎片化、时间碎片化、注意力碎片化程度越来越高的背景下，人们一定更需要定力和专注力，一定更需要一份在内心安静从容的状态下，甚至在闭门谢客、沐浴更衣之后才能够去品读的读物，而且依仗它的"武装"更能够提升境界、以静制动，在滚滚红尘中可以更有效地建功立业，无限接近更高的生命意义。这就是《决策参考》长期以来追求的客户价值。

尽管我们还远远没有企及这样一个水准——从某种意义上说这也是一个无限接近的过程——但我们仍然希望以《决策之道》为载体，持续深化为商界决策者服务的价值，并不断提醒大家：把过度分散的注意力收回来吧，道不远人，我们就一起在这里共同体悟、持续提升决策之道，从而更好地成就自己、造福世界吧！

和更多人一起讨论
分享笔记、心得

再次感谢我们的合作伙伴中国财富出版社，正和岛与中国财富出版社的伙伴们一起在这里祝福您、恭候您！

沉浸式向未来

王波
中国财富出版社社长

今年是全面建设社会主义现代化国家、开启向第二个百年奋斗目标进军新征程的重要一年。如何迈好步，开新局？伴随着网友们的脑洞，我想到了“沉浸”一词。

沉浸：动词，浸入水中，多比喻人处于某种气氛或思想活动中，如沉浸在幸福的回忆中（《现代汉语词典（第7版）》解释）。

最近网络和虚拟世界流行的词叫“沉浸感”，又称“沉浸式”。沉浸感是虚拟现实技术的核心概念之一，虽然这个词经常使用，但是对于它一直没有统一的定义。如在游戏研究界，潜龙编著的《游戏设计概论》中称其为“代入感”，叶展等编著的《游戏的设计与开发》中称其为“置入感”，但其实所指是一致的，即游戏用户被游戏所吸引而忘我地投入。美国游戏理论家 M. Csikszentmihalyi 对沉浸是这样定义的：“当人们在进行活动时，如果完全地投入情境当中集中注意力，并且过滤掉所有不相关的知觉，即进入一种沉浸之状态。”总之，沉浸是一种全情投入忘我的状态，而这种状态是进步、升级的内生力量。

如何理解“沉浸式向未来”？我以为正和岛和中国财富出版社联合出版《决策之道》就是我们沉浸式向未来之举。

《决策之道》是出版之道。《决策之道》无疑是一个出版物，是在正和岛创始人兼首席架构师刘东华带领团队沉浸10年之久的内部资料《决策参考》的基础上，重新进行策划——一方面保持原来的读者定位，另一方面按照正式出版物的要求规范付梓——的产物。刘东华是一位优秀的出版人，他的出版情怀一直被我们称道，他创办的《中国企业家》开创了20世纪90年代财经杂志的先河。中国财富出版社偶然看到《决策参考》，便有了向往之念想，双方团队经过多次商谈终于达成合作意向，正和岛作为内容提供者，中国财富出版社作为出版提供者，双方优势互补，成就了这本《决策之道》。

《决策之道》是思维之道。变是绝对的，思维创新，粪土变金。企业家的方法论、价值观、视野、格局、认知、管理思想、创新意识等理念无疑会影响企业的决策。将最新的思维观点呈现给企业家朋友，以期能适应知识迭代和快速变化的市场，作出有先见之明的决策、未雨绸缪的决策、审时度势的决策，这也是我们从事知识服务出版的使命和宗旨。

《决策之道》是管理之道。万变不离其宗，不变的东西就是常识，中国企业还要回归本源、回归常识。世界级的领先企业都是长期价值主义者，而非投机主义者和短视主义者，都是从内部组织架构、产品竞争力等基础管理做起的。所以将企业管理不变的东西传递给各位企业家，也是我们念念不忘的初心。

《决策之道》是互联之道。我理解正和岛团队为什么执着于传统媒介形式，既是充分考虑企业家朋友的阅读体验，也是希望通过每辑《决策之道》的投送与企业家朋友建立常态化的连接通道，并将正和岛各种服务产品连接起来，完善为“岛亲”互联互通的生态服务体系。

“你只管善良，因为一切善意都不会被辜负。”我们只管沉浸式地做好《决策之道》，希望不负各位企业家读者朋友的期许。

不畏浮云遮望眼，自缘“沉浸”最高层。将《决策之道》办成“顶流”、高质量的精品读物，是正和岛和中国财富出版社双方团队共同的出版目标，能够助力企业家读者朋友奋进新征程、建功新时代。

是为记。

目录

刘东华 《写在<决策之道>公开出版时》
道不远人，我们就一起在这里共同体悟、持续提升决策之道，从而更好地成就自己、造福世界！

王波 《沉浸式向未来》
将最新的思维观点呈现给企业家朋友，以期适应快速变化的市场。

有声 TRENDS

1 **姚洋 独家撰稿**
《2022年，给企业家的4点建议》
中国仍然是世界上最值得投资的国家；错过中国，就是错过世界。

《今年，中国有望开启下一个10年增长周期》
不要被短期经济下行左右，应该看到中国经济的巨大增长潜力。

8 **管清友 撰稿**
《政策底已至，抓住周期拐点后的新机遇》
每个个体都应学会适应动荡、剧变、分化的世界、社会和市场。

14 **陆铭 独家口述**
《赢在“地利”——企业如何抓住区域经济红利》
在人多的地方发展人多的产业，在人少的地方发展人少的产业。

有道 BUSINESS

23 **宋志平 内部讲话**
《2022年，说给企业家的几句心里话》
企业是长跑运动员，不是短跑运动员，长跑是慢跑，要一步一步地跑。

29 **陈春花 内部讲话**
《新一年，我的4个经营关键词》
若没有在世界舞台经过历练和考验，企业难言世界一流。

33 徐井宏 推荐 / 朱倍平 独家口述 / 卜一洲 独家口述

《坚信价值投资，坚定做多中国》

价值投资需要“赌国运”，我们应该对中国的未来充满信心。

《90后经营者的信心与心声》

新一代的企业经营者、创造者的内心也存在着坚定的信念。

案例 CASE

47 陆雄文 推荐 / 袁安根 批注 / 江必旺 内部讲话

《自述：我如何从科学家到企业家》

谁能帮助中国解决“卡脖子”技术难题，谁就会成为时代的英雄。

有味 CROSSOVER

57 田涛 独家撰稿

《栖息在桥上，还是彼岸？——重新理解企业家精神（上）》

企业家精神，与人类其他杰出分子的精神在结构上是一致的。

68 赵玉平 独家口述

《从三国人物看领导力》

在自己的长征中，一定不要忘记回头看一看，前人是怎样长征的。

有料 EXPLORATION

79 元宇宙的分歧与机会

从热度高涨到真正产品成熟落地的这段时间——2022年，我们预计将进入分歧期。

有书 BOOK

84 王波 书单

选择优秀文稿，挖掘美好阅读，坚守文化责任，创造出版价值。

86 徐瑾 书单

从人类大历史来看，阅读似乎是我们天性的一部分；希望在好书和爱书人之间搭建一座桥梁。

有约 ZHISLAND TIME

89 2022企业家新年大课

暨正和岛（海南）新年家宴

有声 TRENDS

特别约稿
2022年，给企业家的4点建议

姚洋 独家撰稿
北京大学国家发展研究院院长

企业家每天都要面对风险，能够活下来的企业，其掌门人都是处理风险的高手，按理不需要其他人给任何建议。然而，最近一些年，国内外的宏观经济和政策不确定性大幅度增加，让许多企业家无所适从。作为长期观察国际和国内经济形势的经济学家，我在这里斗胆给企业家一些建议。

1.以中央文件为准理解政府的政策

我们生活在一个信息过剩和碎片化的时代，中央文件一出，各种解读纷至沓来。在流量的诱导下，一些自媒体不惜走极端，对中央政策进行过度解读。如果企业家不加辨别，就会被这些自媒体牵着鼻子走。我们看到，越是极端的帖子，传播速度越快，受众越多，最后可能导致全社会都被带节奏。最近的一些政府政策，如治理平台经济、共同富裕等，都受到自媒体过度解读的干扰。在这种情况下，我给企业家的建议是：仔细阅读中央文件和领导人讲话，并以此为准解读中央政策。不要相信那些“某某在下一盘大棋”的解读，中央文件表达的就是中央的思想。治理平台经济不是要打压它，而是要清除垄断行为；共同富裕不是要杀富济贫，而是要做大中产阶级队伍；民营企业是中国经济的重要组成部分，民营企业家是自己人；等等。这些才是中央的想法。

2.相信经济逻辑

中国国际地位的快速提升引起了西方国家的警惕，它们必然对中国的崛起做出反应。但是，西方国家是否因此会与中国脱钩呢？新冠肺炎疫情暴发以来，这个问题一直困扰着世界。然而，近两年来的实践表明，中国没有和西方脱钩，更没有和世界脱钩。究其原因，是因为经济逻辑仍然主导着全球的经贸关系。世界已经形成了完整的产业链分工，而中国占据着产业链的最大头，与中国脱钩意味着世界贸易和生产体系的崩溃。企业家不应被政治表象所迷惑，而是要看到全球贸易和生产分工的底层逻辑，这样才不会做出原则性的错误决定。

3.当新情况出现的时候，要进行理性判断，三思而后行

最近几年，国内外形势及政府政策的变化都很快。在这种情况下，企业家要拿出判断力来，不要听风就是雨，行动过快。目前的一个大问题是，中央政策在执行过程中往往容易走样，特别是监管政策，往往被各级政府官员放大。当这种情况发生的时候，中央政府就要纠偏，进行政策回调。所以，当中央出台新政策的时候，企业家不要跟风，要缓一缓、看一看，认真研究中央政策的初衷和期望结果，以免政策回调之后陷入被动。

4.相信中国的未来

我在多个场合说过，未来30年是中国千年以来最好的时候。我做出这个判断，是因为我看到中国企业在中等技术领域已经开始大规模替代西方国家的企业，而在高技术领域，中国也奋起直追，在一些领域进入世界第一阵营。尽管技术之外的其他领域还存在不确定性，但我相信技术是一个国家能否进入世界前沿的决定性因素。技术进步无非依赖两个因素：钱和人。在钱的方面，中国企业厚积薄发，积累了大量的物质资本；在人的方面，中国每年培养近千万名大学生，人力资本数量世界第一。这两个因素是中国企业实现技术进步的主要保障。随着中国经济体量的扩大和人力资本质量的提高，中国在科技领域全面进入世界第一阵营指日可待。企业家一定要记住：未来30年里，中国仍然是世界上最值得投资的国家；错过中国，就是错过世界。

编辑：曹雨欣

今年，中国有望开启下一个10年增长周期

姚洋 撰稿
北京大学国家发展研究院院长

可以说，2022年的中国，面临着更大的挑战，但同时也拥有更大的希望。

在最困难的时候应该看到希望

虽然现阶段将疫情在全球范围内完全消灭难度非常大，但是人类可以找到各种各样的办法来控制它。目前，中国的疫情控制得非常好，各地都在积极开展接种第三针（加强针）的工作。

这些措施都在给我们信心。在最困难的时候应该看到希望，而不是沿着困难一直想下去，绝大多数人都会按照线性的方式去预测未来，但是这种预测往往是不准的。

2022年，中国的制造业、出口贸易将会依然强大，优势会继续保持。这个优势，一部分是因为疫情造成的订单转移，但根本上来说还是长期形成的结构上的优势。

2021年11月3日，美联储宣布启动Taper，从11月开始逐月减少150亿美元债券等资产的购买规模。据此，一些国人担忧2022年人民币会贬值。在中国，很多人对企业和经济的信心来自人民币的价值，有种观点认为，货币一旦贬值，就会进入比较困难的时期。实际上，这种看法是片面的，人民币贬值可能会使出口更加旺盛，从这个角度讲，也是有好处的。

下一个10年：用创新打天下

2022年，中国经济增长的一大挑战，是提振消费。如

果在不远的未来，全球解封，我们重新打开国门，国民消费可能会很快恢复到正常的增速，甚至出现井喷。至于具体是什么时候，这取决于全球疫苗接种率、特效药物研发速度等因素，但可以肯定，这个时刻一定会到来。

21世纪的前20年，中国经济实现了腾飞式的发展。进入21世纪第三个10年，中国经济新的增长周期又将是什么样的呢？

我们知道21世纪的前10年，中国经济的增长对外主要依靠出口拉动，在国内，则靠房地产和投资拉动。

未来这10年，我们要靠什么呢？当然是要靠创新，要靠技术进步。

在技术进步方面，过往我们严重低估了自己的实力，我有一个判断，就是未来10到30年，是中国在技术领域的高光时代，我们要在技术上领先世界。

我们可以做到的领先有很多方面，比如 AI（人工智能）和自动化，中国现在是除了美国和日本之外，AI技术最领先的国家。有人说我们在AI领域没有核心技术，其实不然。什么叫核心技术呢？就是算法，我们掌握的算法还不够多，但是我们的优势是应用场景广大，AI技术目前在中国的应用超过了其他国家。随着中国的继续发展，在核心技术领域，也就是算法领域，中国一定能够赶超美国。

另外，在新能源领域、电动汽车领域，中国都在努力进入世界先进行列。

这几项技术只是我们看到的未来技术的代表，中国在很多领域都开始赶上，甚至超越世界水平。过去这些年，中国出现了很多"隐形冠军"企业，有的企业不大，但是其产品销量世界第一；有的企业的技术世界第一。这就是过去这10年中国所取得的成就。而在这个过程中形成的创新优势，将会帮助中国开启一个新的10年增长周期。

2022年，中国经济增长的一大挑战，是提振消费。

未来这10年，我们要靠什么呢？当然是要靠创新，要靠技术进步。

两个原则：政策要稳，产业要实

过去10年间，中国经济结构经历了非常剧烈的调整，调整主要在两个方面：一方面是结构性的调整，也就是产业间的调整，那些高耗能的、产能过剩的行业被消除和淘汰了，一些创新领域、新兴行业异军突起；另一方面是企业层面的调整，大量“僵尸”企业被驱逐出了市场。这也是一些人产生悲观情绪的原因，毕竟看到很多企业“死掉”了。其实，那些企业就应该被淘汰，就像20世纪90年代，大量国有企业倒闭或者转为民营化发展，5千万人下岗失业，我们最终还是挺过来了，而且在此之后，中国还迎来了十几年经济的高速增长。

同样，中国在过去10年所做的调整，也是为新的10年增长周期打基础。当然，发展不是一蹴而就的，未来中国经济、国民生活水平若要继续保持较高速度的增长，还有很多地方需要注意和改进。

首先，国内应该注意政策调节要尽量平稳，不要用力过猛。

政策调整要有利于提振企业的信心，过快过猛则有可能打击到大家对预期的信心。例如2021年下半年，制造业投资的增速有所下降，就和大家的预期改变有关。制造业投资常常可以反映出企业的预期，如果企业对未来前景预期不好，就会缩减投资，特别是民营企业，对市场和政策的调整更为敏感。

再比如对房地产领域的政策调整，房地产业是国人最为关注的领域之一，如果企业对未来发展的预期受到打击，造成的结果可能具有传染性，一旦房地产业发展的走势下来了，会让其他相关行业的信心也受到影响，大家都在观望，可能最后就不投资了。

房地产业关乎亿万国人生活，房子当然是用来住的，但如今的房地产有着资产价值的属性，这也是没办法否定的。我们一方面就是要找到微调的办法，不让房地产业成为吸纳资金的一个黑洞，但也不能让行业垮掉。如何平衡房地产业的发展，这是中国经济良性发展需要解决的问题之一。

其次，民营经济的发展应该更加务实。

过去几年的部分政策，例如“去杠杆”，确实让一些民营企业受到了负面影响。但是，如果从积极的方面来考虑，就是让很多民营企业明白了一件事——靠借债来进行的扩张是要小心的。借债的时候一定要想好，企业的现金流是不是足以支撑债务，企业的生产能力是不是足以制造足够量的现金流。

地方政府的债务问题也是一个亟待解决的问题。自新冠肺炎疫情发生后，2020年各地税收有所减少，虽然2021年略有好转，但很多地方政府的日子依然不太好过，不得不向国家和银行借债。当债务不断膨胀，就会变得难以收场。已经有地方政府开始借新债还旧债了。

造成这个现象的一个根源，就是对于当年很多项目盲目乐观，轻易上马。想要根本解决这个问题，应该停掉现有的政府融资平台公司，改为项目制，一个项目未来的现金流有多少、能获得政府多少补贴等都要公开，让人们看得一清二楚，然后再向市场融资。

未来10到30年，
世界上最好的投资地仍然是中国

在国际上，我们应该继续努力营造更好的国际环境，这有利于中国的发展。回望过去，中国能够取得今天的成就，得益于过去40年来努力营造的和平的国际环境。如今再向前看，维持一个开放、和平、共赢的国际环境依然十分重要。

中国在过去10年所做的调整，也是为新的10年增长周期打基础。

2021年11月16日，国家主席习近平和美国总统

很多民营企业明白了一件事——靠借债来进行的扩张是要小心的。

拜登举行了视频会晤。双方就中美关系发展等重要问题进行了深入的沟通和交流。我们可以看到，曾经一度紧张的中美经贸关系，正在逐渐缓和下来。

两国元首的这次对话，预示着中美至少在经贸领域会重启接触，美国方面也有很多对特朗普时期政策的反对声音，拜登政府是在寻找时机，要重新和中国进行接触。

这个变化背后的道理很简单，那就是过去几年来，中美经济不仅没有脱钩，反而挂得更紧了，中美之间的贸易不仅恢复，还超过了“贸易战”前的水平。中美两国重新坐下来谈话，为维护国际经贸环境奠定了非常好的基础。

2021年11月4日晚，国家主席习近平以视频的方式出席第四届中国国际进口博览会开幕式，发表了题为《让开放的春风温暖世界》的主旨演讲，再次强调“开放是当代中国的鲜明标识”。“一个国家、一个民族要振兴，就必须在历史前进的逻辑中前进、在时代发展的潮流中发展。中国扩大高水平开放的决心不会变，同世界分享发展机遇的决心不会变，推动经济全球化朝着更加开放、包容、普惠、平衡、共赢方向发展的决心不会变。”

习近平主席的这番话，给中国经济的发展提振了不少的信心。我们应该相信，开放永远是中国经济发展的巨大动力，我们不要被短期的经济下行所左右，应该看到未来中国经济蕴藏的巨大的增长潜力。未来10到30年，世界上最好的投资地仍然是中国，而不是其他国家。

原文首发于《凤凰周刊》2021年12月第36期
总第781期，有删减
采访：孙杨　编辑：曹雨欣

政策底已至，抓住周期拐点后的新机遇

管清友 撰稿

如是金融研究院院长

2021年是不寻常的一年，世界政治、经济格局发生巨变，从国际关系到全球经济无不走入了未知的深空：政治上，新冠肺炎疫情开启人类的全新纪元，抗疫策略的分化加剧了国际政治斗争；经济上，各国面临着经济史上第三次重大理论和实践的分野，我们难以用过去的“旧船票”登上新世界的“客船”。

回望国内，自2021年下半年起在需求收缩、供给冲击、预期转弱三重压力之下，中国经济增长呈现较为明显的疲软态势，尤其是房地产与消费出现了较为明显且持续的低迷。但好在2021年第四季度之后政策底已经出现，经济底大概率将在2022年第一季度出现。**最寒冷的冬天即将过去，2022年将会否极泰来，是一个资产大年。**

疫情是个分水岭，展望未来，我们需要逐步适应动荡的世界，在货币“水世界”中找到自己的“客船”。

2022年经济增速大概率在5%左右

2021年的经济增速是“前高后低”，而2022年大概率是“前低后高”。

在需求收缩、供给冲击、预期转弱三重压力之下，2021年第二季度以来经济增长呈现较为明显的疲软态势，疫情对于当月、当季的经济冲击开始变得越发频繁。尤其是第四季度以来，虽然出口与制造业投资景气度得以延续，但消费持续疲软，基建投资与房地产投资未能如预期般发力，经济仍在“寻底”过程中。

基于2021年“前高后低”的基数效应，2022年经济增

展望未来，我们需要逐步适应动荡的世界，在货币“水世界”中找到自己的“客船”。

速大概率将呈现“前低后高”态势，最坏情况下，2022年第一季度有可能出现零增长甚至负增长。2021年年末，货币政策与财政政策开始出现发力迹象，同时针对2020年以来部分矫枉过正的监管政策开始纠偏，如今来看政策底已经基本出现，经济底有望在2022年第一季度出现，我们推断2022年全年经济增速可能在5%到5.5%区间。

金融下行周期将正式宣告结束

金融从2017年开始进入强监管时代，银行、非银金融、房地产等领域进行了有组织、有规划、成建制的去杠杆、挤泡沫。从观点分歧到形成共识再到单一正确，以至于一些领域出现“合成谬误”，这一轮金融下行周期走得波澜壮阔、令人唏嘘。

经此一役，金融行业从“虚假繁荣”开始回归理性，我们看到从P2P（互联网金融点对点借贷平台）到信托等一系列的暴雷。2021年是出清的尾声，但在房地产“两端三红线”的政策下，出清的尾声来得比预期还要声势浩荡一些。以2021年第三、第四季度政策调整为标志，2017年以来这轮挤泡沫的出清过程基本结束，我们可能站在了长期宽松的起点。

2021年的金融数据整体经历了下跌到“磨底”的过程，2022年第一季度也有可能继续下探。但在宽松政策下，企业将迎来经营环境的改善，金融数据最晚将在2022年第二季度触底回弹，信贷结构也会进一步优化。

房地产已熬过“最冷的冬天”

房地产行业在2021年经历了一轮过山车，上半年销售火爆，下半年房地产强监管，逐步降温，新开工面积出现负增长，房价呈现连续下跌趋势，土地流拍率上升。在政策不断加码的过程中，房地产行业有硬着陆风险。

这其实是"房住不炒"的背景下，各级监管部门出台的政策产生了"合成谬误"，房地产崩塌形成闭环。从三道红线到房贷集中管理，市场对房价预期已经扭转，各地监管层层加码，地产销售不断走弱。而"限涨令+限跌令"进一步加剧房地产公司回款的困难，风险不断加大，银行不敢给房地产公司放贷，房地产融资环境进一步趋紧。

监管层已经意识到了这个问题，2021年央行第三季度工作会议首提维护房地产市场的健康发展，各地房贷政策开始松动，政策拐点出现。中央政治局会议和中央经济工作会议也都提到房地产政策，提出保障合理住房需求，促进房地产业健康发展。

但目前来看，政策力度仍然不足，扭转预期是一件非常困难的事情，后续还需要一系列的组合拳，需要货币与财政双发力，从"紧平衡"转向"宽信用"。市场消化政策也需要一定时间，金融底部仍在构筑阶段，市场底和行业底预计要到2022年第二季度出现。另外，2022年国家大力发展保障性住房，对刚需和改善型住房家庭是利好。

需要提醒的是，"房住不炒"的主题不会变，政策纠偏不是大水漫灌，房地产行业需要以时间换空间，泡沫不能主动刺破，要做长期结构性调整的打算。

2022年是股市大年、资产大年

"房住不炒"的主题不会变，政策纠偏不是大水漫灌，房地产行业需要以时间换空间，泡沫不能主动刺破。

我们对2022年A股市场相对乐观，相对于2021年，2022年将是一个股市大年，亦可以称之为一个资产大年。

究其原因，一方面是政策底已经出现，流动性

未来10年如果不买股票、基金，大概相当于过去20年不买房子。

大概率将出现明显改善。无论是从中央经济工作会议还是从央行第四季度例会来看，2022年货币环境会转向宽松已经成为业内基本共识。流动性环境大为改善叠加监管逐渐回归理性，整个政策环境将转向友好，这对于2022年的资产市场来说，绝对是一大好消息。另一方面是随着注册制深入推进、北交所正式开市，股票市场正在从“供销社模式”转向“超市模式”。这样一来，会有大量优质公司快速且高频地上市，结合整个较充裕的流动性环境，对于专业投资者来讲，可以有更多优质资产、标的去挑选。

2022年将是“喝酒吃药做饭修路架桥盖房子造汽车”之年，应抓住三条投资主线。

一是“稳增长”。我们判断2022年将是基建大年，2021年专项债发行速度缓慢，第四季度才开始出现明显的冲量，但从专项债发行到形成基建投资存在一定的时滞，同时投资可能受到优质项目稀缺的制约，从数据上看专项债还没有在投资端落地。2021年年末的中央经济工作会议部署再提财政重要性，指出“要继续实施积极的财政政策和稳健的货币政策”“要保证财政支出强度，加快支出进度”与“适度超前开展基础设施投资”，所以，2022年财政对于基建的托底效应值得期待，尤其是新基建企业生存环境将会大为改善。

二是“必选消费”。在前文已分析过，政策底已经来了。无论是从降准、降息的实际行动，还是从中央经济工作会议、央行第四季度例会定调来看，2022年经济政策发力基本成为定局；同时，目前来看经济底尚未到来，从政策底到经济底还需要一定时间。在货币相对宽松、经济疲软的情况下，需求刚性较强的、基本面坚挺的板块最先受益。

三是“次龙头”。中短期内，科技成长型赛道，尤其是新能源汽车、动力电池等行业与赛道已经积累了不小的涨幅，已经相对拥挤，多个公司历史估值水位逼近80%甚至90%以上。头部企业戴维斯双击已经达成，业绩与股价均涨，估值没有被消化，应警惕短期内杀估值风险。但在相对宽松友好的政策环境下，部分没有被挖掘的细分赛道与热门赛道的“次龙头”也值得关注。

未来10年如果不买股票、基金，大概相当于过去20年不买房子，但对于普通投资者而言一定要高度重视市场风险。股市不是慈善机构，而是热带雨林，风险无处不在，普通投资者直接下场买股票，相当于拿着大刀长矛冲进重机枪阵地。因此，我们对市场要有风险意识，要有敬畏感，高度重视风险，努力提高专业能力，或者将钱交给专业机构管理才是正道。

能源转型是大势所趋

能源转型的步伐只会加快，不会停止，所谓防止运动式“减碳”，只是一种针对地方政府跃进式减排的纠偏，针对国际性承诺，中国政府向来说到做到，“30·60”目标的大趋势是不会改变的。因此，从长期视角来看，我们落实能源转型的步伐不会停止。能源转型的过程对我们来说不仅是挑战，也是全方位的机遇。

一是宏观层面上国际地位的机遇。碳交易系统是促进减排全球化、国际化的最重要抓手。应对日益严峻的气候变化，不仅是中国的任务，也是全人类应共同为之奋斗的事业。减少二氧化碳排放应由世界各国协同努力，在完善《巴黎协定》的同时，应推动构建全球碳市场运行机制，将人类视为一个整体，共同完成应对气候变化的重要任务。全国性碳市场如今仅走出了第一步，未来与国际市场链接、实现全球碳排放价值公允，将会是大趋势。

股市不是慈善机构，而是热带雨林，风险无处不在。

实现碳达峰、碳中和的时间节点早已确定，我们落实能源转型的步伐不会停止。

二是中观层面上部分产业与赛道的机遇。以新能源汽车行业为例，近两年我们一直在关注新能源汽车行业的动向，短期来看，虽然部分中下游企业市值增长过快，透支了部分估值，但在长期视角下，新能源汽车赛道一定会是市场的主流方向，具有10年以上的成长性。在能源与技术革命的带动下，汽车行业估值逻辑已经生变，从“周期”变为“大消费”“大科技”逻辑：一方面，从传统车企“制造”估值逻辑变为“消费”逻辑，估值中枢和汽车销量呈正相关关系，高市场份额带来高利润增长预期；另一方面，部分汽车新贵和造车新势力公司估值呈现“科技”逻辑，技术壁垒高与环保属性强的汽车企业可以得到更高的估值。因此，我们应充分关注汽车行业估值本质逻辑的转变。

结语

我们总体上处于一个大周期和小周期的拐点上，在秩序从打破到动荡到调试到形成的时期里，很多人觉得焦虑、无助或不适应，其实，世界一直如此，并非可以想当然地认为总能“歌舞升平”。每一个个体都应学会适应这样一个动荡、剧变、分化、极化的世界、社会、网络和市场。

岁末年初，总要总结过去，展望未来。言不及义，姑妄听之。

本文摘录自公众号“清友会QingYouTalk”，内容有删减

编辑：王夏苇

赢在“地利”
——企业如何抓住区域经济红利

陆铭 独家口述

上海交通大学特聘教授
中国发展研究院执行院长

“不务天时，则财不生；不务地利，则仓廪不盈。”在当代经济发展中，区域因素的影响愈加显著。企业经营该如何把握区域经济的规律？正和岛特此对话上海交通大学特聘教授陆铭，他曾于2020年参加习近平总书记主持召开的经济社会领域专家座谈会，是会议最年轻的发言者。希望本文有关当前区域经济趋势的思考对读者有所启发。

正和岛：新冠肺炎疫情发生两年多以来，相当多的企业经历了疫情冲击、市场需求收缩、资金链紧张等客观困难。您认为政府与企业应如何互动，共同提升后疫情阶段的经济发展韧性？

陆铭：一段时间以来，中国的企业经营的确面临着几重困难，既包括新冠肺炎疫情对经济的冲击，尤其是市场需求萎缩对服务业产生的冲击，也包括后疫情时代中国抗疫成功所带来的“抗疫红利”的逐渐消退，加上多重的监管政策客观上对经济活动造成约束影响，应该说，企业经营的确遇到了不小的挑战。

在这种情况下，我认为的确需要做出一些调整。

首先，政策上要善待企业家。要看到绝大多数合法经营的民营企业家为发展经济、创造就业、创造税收做出的巨大贡献。中国当前最紧迫的任务之一就是稳经济、稳增长、稳就业、稳财政收入等，如果离开了企业这一市场主体，失去了企业对生产的推动、对就业的带动，那么，很多“稳”字当头的目标就成了无源之水。

一些政策的出台，应该尽量避免疾风骤雨式的调整，尤其是要避免地方政府一刀切、层层加码的做法。很多

《大国大城》

陆铭 著
世纪文景/上海人民出版社
2016年7月

政策的出台初衷是好的，但在执行过程中逐渐走了样，甚至有可能出现行政性违法，进而对企业产生巨大冲击和影响。一旦形成这种影响，让企业觉得经营难以为继，引发市场主体萎缩甚至消失，引发民营经济担心政策环境不稳定，进而减弱投资和发展信心，想再恢复起来就非常困难了。

其次，企业应更多承担社会责任。在经济快速发展的近20年时间里，一些企业在高速增长的同时的确存在一些问题，例如在一些法律、制度相对不够完善的领域，出现了一些市场发展缺乏秩序的现象。此外，在新兴的平台经济、数字经济等领域，中国与全世界其他国家一样，面临着新经济形式、新业态带来的新问题。

伴随着这些问题的出现，国家出台了一些调整政策，全社会乃至全人类也都在共同反思，所以现在越来越多地在提ESG，也就是环境、社会责任和治理。我想，企业家也要看到，在一些传统发展模式下产生的，带有违背人类共同价值追求、污染环境、缺乏社会责任等缺陷的企业扩张道路是不可持续的，企业界应该做出相应调整，让发展更多地服务于社会福利增长，而非仅仅着眼于短期的局部的资本利润增长。这样一来，市场经济的发展便会步入更加良性的循环中。

最后，在未来的发展中，尤其在区域经济的发展中，仍然有新的结构调整空间。我们当前面临的一些问题是体制性和结构性的，如果得到解决，是可以释放增长空间的，其中的重点之一，我认为是人口流动问题。

在中国大量的人口流入地区，尤其是人口增长特别快的一些特大、超大城市及周围都市圈，长期以来实际上存在着规划滞后的问题，也有由于行政管辖存在边界导致市场不够一体化、国内生产要素市场不够畅通循环的现象，还有基础设施、公共服务供给不能满足人口流入带来的需求数量、结构与多样性增长的问题。如果能在这些人口流入地区解决上述问题，实际上既能够带来经济增长，也有利于促进社会和谐，尤其有利于促进流动人口融入当地社会，能够满足人民对美好生活的向往。

如果离开了企业这一市场主体，失去了企业对生产的推动、对就业的带动，那么，很多"稳"字当头的目标就成了无源之水。

所以我认为，如果传统的体制与观念实现变革，进而促成体制性、结构性问题的解决，是可以带来相关红利的。我们的政府和企业特别值得在这一领域互动，共同提升发展动能。

正和岛：新冠肺炎疫情持续以及逆全球化趋势抬头，为中国企业"出海"带来了更多的不确定性。这是否是更多中国东部产业向中西部梯度转移的一个契机？

陆铭：首先，在新冠肺炎疫情冲击之下，全球产业链在一定产业之内和一些局部地区的确出现了一些类似逆全球化、重新布局的趋势，但这不是主流。中国当前正在推动更高水平的改革开放，在构建人类命运共同体的道路上贡献中国力量，我们正在推进加入CPTPP（全面与进步跨太平洋伙伴关系协定）的进程，RCEP（区域全面经济伙伴关系协定）也已经正式启动。在这些趋势之下，我不认为逆全球化是主流，相反，全球化是有强大的力量向前推进的。

所以，**在全球化的大格局之下，沿海地区特别是沿海地区核心地带，长江经济带特别是长江经济带中下游地区，还有粤港澳地区，海运和水运带来的发展优势会长期存在。**

但是，从区域经济发展的视角来看，一些新的小趋势也在产生。客观来说，沿海地区的生产成本，如土地价格、劳动力价格，都在逐渐上升，所以可以看到一些不那么依赖于接近港口的区位条件，对于土地的需求也比较强烈的产业，就会向中西部一些地区进行转移。这个趋势已经有了一些表现，但跟新冠肺炎疫情并没有直接必然的关系。

还有，随着国内经济规模逐渐扩大，内需市场不断发展，在仍然布局有大量人口的一些内陆区域，例如华北地区、西南地区一些省份，一定会爆发出本地的需求。如果这些区域的消费需求所对应的产业，不需要建立在强大的规模经济基础上，那么，这类内需主导的产业就不一定要靠近沿海地区了。但这不是产业转移，仅仅是由内需推动的。

例如，一些消费品的生产，像当地市场上的服装或者食品加工业，如果没有特别明显的规模经济的需要，不一定要布局在传统的沿海地区制造业中心。

再例如，服务消费领域里的教育、医疗、康养、文化等产业，是以供给本地市场为主的，服务业天然具有经济学所说的不可贸易性，需要在当地市场进行面对面的结合，所以，服务业的发展，也是中西部地区及东北地区的新趋势。

但是也要看到，服务业在中西部地区和东北地区的发展动能，更多集中在局部市场的大城市周围，特别是对服务多样性要求较高的产业，在大城市才会有更强的优势，例如文化消费、都市性旅游或商贸等，在大城市就会有更强的多样性，更能满足人民群众对丰富多彩的生活的需要。

我不认为逆全球化是主流，相反，全球化是有强大的力量向前推进的。

正和岛：您主张一个大国需要更多更大的城市，大城市对于构建产业生态圈有重要价值。当前很多大城市已经取消落户限制，一些超大、特大城市的积分落户政策也在不断演化。在您看来，城市化的进一步发展，在中短期内可能创造哪些经济增长点？又为企业带来哪些机会？

陆铭：大国需要更多更大的城市，不是我的主张，而是客观规律，是人们的选择，不要去限制就行了。中国的城市化进程，会带来一些非常显著的经济增长点。

在城市人口数量增长及人口空间格局变化中，包含新的投资机会和消费增长空间。

第一，经济增长将获得新动能。城市化进程的发展引发城市人口数量增长，同时会带来中国人口的空间格局变化，在大城市及周围都市圈，人口增长会更快。这个趋势是客观存在的，不是人为主导或者能够避免的。第七次全国人口普查数据显示，当前中国人口增长比较快的就是沿海地区以及一些大城市及周围区域。

在城市人口数量增长及人口空间格局的变化中，包含新的投资机会和消费增长空间。

从投资的角度来看，人口流入地区会增加大量的基础设施和公共服务需求。基础设施诸如道路、城市轨道交通、连接周边都市圈的城际铁路等，公共服务包括学校、医院、养老院、公共文化场馆等，这些都需要大量投资。

这里不得不强调的是教育。当前中国一些大城市，尤其是特大、超大城市，由于传统管理思维等因素，长期以来没有为流动人口大量增长做好充分的思想准备和体制准备，这些人口大量流入的城市中存在大量未被满足的教育需求。不仅是九年义务教育阶段存在短板，未来随着高中阶段教育（包括高中阶段的职业教育）更普及，高中阶段教育也会产生大量未被满足的需求。

总之，面对城市人口增长的趋势、新的投资机会的出现，我在此不得不提醒：许多城市需要转变思想，加大改革力度，增加基础设施、公共服务供给，并调整供给的结构和布局。

从消费角度尤其是服务消费角度来看，同样会有大量变化。服务消费有两个重要特点：第一个特点是不可贸易性，绝大多数服务是不可贸易的，消费必须面对面来完成，无论是理发、美容等日常生活消费服务，还是画展、音乐会等日益增长的文化领域消费服务，都与人口布局紧密结合。第二个特点是人天然地喜欢服务多样性，不管是日常生活的餐饮，还是文化消费的演出，人都有喜新厌旧的天性，所以大城市容易借助人口规模实现比较多样化的服务业供给。特别要注意的是，在数字化转型大趋势下（尤其是新冠肺炎疫情出现以来），很多线下消费被线上消费取代，未来在城市的空间布局里，线下消费场景会越来越强调体验经济、服务消费的互动性，会更依赖于人口密度和人流。

第二，生产型服务业和制造业将深度融合。中国传统制造业简单地复制、仿造别的国家的产品、设计、品牌的阶段已经逐渐过去了，目前制造业已经进入自主创新、自主品牌、自主设计的阶段，新的产业链格局下，生产型服务业对制造业将有越来越强大的赋能效应。

在这种格局下，中心城市将越来越多地在研发、设计、贸易、金融等领域承担为制造业赋能的作用，整个国家或整个城市群的制造业越是强大，中心城市的服务业向制造业赋能的作用越强。这会引发中心城市对周边其他中小城市的辐射和带动，辐射和带动的半径可以达到几十公里到上百公里，从而成为都市圈发展的重要推动力。

所以，中国未来的城市化将形成以中心城市为核心、紧密连接外围中小城市的发展模式。这为中国制造业企业的布局，以及制造业企业如何充分利用核心城市的现代服务业赋能效应，提出了新的命题。

未来在城市的空间布局里，线下消费场景会越来越强调体验经济、服务消费的互动性，会更依赖于人口密度和人流。

正和岛：请您基于区域经济的视角，为中国企业决策者提出一些建议或提醒。

陆铭：从区域经济的角度，我认为，企业决策者一定要看到中国的区域分化趋势，同时我要再次强调第七次全国人口普查数据呈现出人口向少数地区集中的趋势，而且还要加重语气强调，**人口向沿海地区和中西部大城市及周围都市圈集中的趋势**，是不以人的意志为转移的，它是经济发展带来的客观规律的呈现，世界范围内都是这样。

对于不同的区域要有不同的发展策略；对于企业来讲，也要顺应自己的行业和企业在空间上的布局与发展逻辑。

所以，对于不同的区域要有不同的发展策略；对于企业来讲，也要顺应自己的行业和企业在空间上的布局与发展逻辑。说得简单点，就是**在人多的地方发展人多的产业，在人少的地方发展人少的产业**。

所谓在人多的地方发展人多的产业，就是例如发展现代服务业，以及可以在都市圈范围内存在的由现代服务业赋能、引领的一些制造业；人少的地方发展人少的产业，就是更多地发展拥有本地特色的、独特资源的制造业，或是主要满足本地需求的一些小规模制造业，以及服务本地需求的服务业，再加上农业、旅游和自然资源产业；再偏远一些的地区，可以承担整个国家的生态保护和国防安全的职能。这样，国家不同区域之间就能实现区域优势互补和协调发展，各自承担在国家发展中的重要使命。

我认为，这种区域空间格局的变化或者分化，本质上来说是一种区域分工格局。长期以来，区域分工格局在政策制定界和企业界中的关注度是不够的，所以过去一段时间里，曾有一些企业的投资方向、区位选择出现了问题，导致了一些遗憾的结果，一些地方政府也出现过盲目投资，甚至在与企业的互动中产生了一些债务链。我希望区域经济理论未来能够得到更多的重视和理解，经济发展进程中的一些不良后果也能因此得以纠正或避免。

采编：王夏苇、曹雨欣

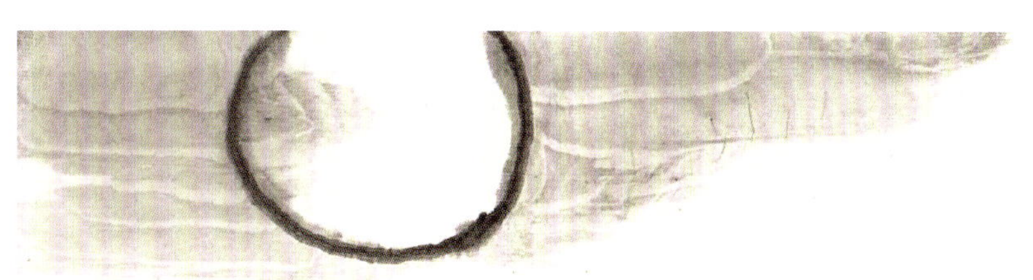

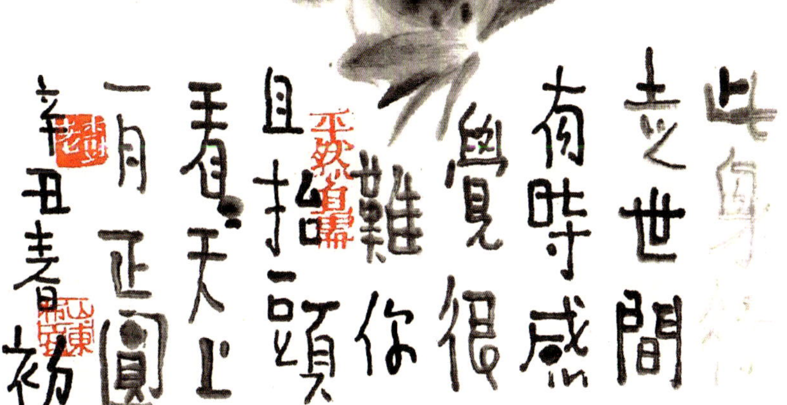

此身行走世间，有时感觉很难。你且抬头看看，天上一月正圆。

插画摘自 @ 老树画画

有道 BUSINESS

2022年，说给企业家的几句心里话

宋志平 内部讲话

中国上市公司协会会长
中国企业改革与发展研究会会长

2021年12月的中央经济工作会议是一次特别重要、特别关键的会议，其中提出2022年经济工作要稳字当头、稳中求进，一共讲了25个“稳”字。“稳”字带给企业家的是什么？是鼓舞和信心。

尽管当前面临着重重压力，但对于2022年，企业家还是要充满希望。什么希望？我想有三点，既是我的希望，也是大家的希望：

第一，希望政策进一步宽松，进一步友好。

第二，希望经济回暖，稳步增长。

第三，希望新冠肺炎疫情减弱。这场疫情已经持续两年了，奥密克戎毒株还在肆虐，希望人类可以共同努力，控制住疫情。

人同此心，此时此刻，大家认为企业2022年应该怎么做？我想还是要稳健前行。

企业是长跑运动员，不是短跑运动员，长跑是慢跑，要一步一步地跑。这是我们，尤其是现在的我们应有的心态。

40年前我去日本，看到日本人走在路上行色匆匆，而中国人走路优哉游哉，如果在东京大街上看到有人慢悠悠地走，那多半是中国人。然而40年后的今天，再到东京大街上去看，走路快的则是中国人，慢的反而是日本人。

为什么中国人从慢慢走变得快快走了起来？因为落后，因为急着赶路。那么今天为什么又要从快走改成稳步走，甚至学会慢跑？因为外部环境、我们的目标都发生了根本性的改变。**从重视速度和规模，转为重视效益和质量，我们正在经历、完成这场改变。**

国家如此，对企业而言也应当如此。企业家应该能够稳健前行，这不是说要恢复成40年前那样，而是在经历了一阵快跑之后，现在要学会慢跑、长跑，要稳定地抵达目标。

经历了一阵快跑之后，现在要学会慢跑、长跑，要稳定地抵达目标。

经营要稳健

国家要以经济建设为中心，那么企业就是要以生产经营为中心，这是企业家的本分。企业家一定要把企业做好，把自己的一亩三分地经营好。

关于稳健经营，我想讲三点。

第一，积极开拓市场。客户是企业的江山，没了客户就丢了江山；市场是企业的舞台，开拓市场是企业的首要任务。

从中国加入WTO（世界贸易组织）到现在这20多年里，中国企业坐拥两大市场，一个是快速成长的14亿人的中国市场，一个是精耕细作开发了40多年的全球市场。本来日子过得挺好，但是两件事改变了中国企业的命运，一件事是中美贸易摩擦，另一件事是疫情，过去的好日子被打断了。

怎么办？中央提出要形成以国内大循环为主体、国内国际双循环相互促进的新发展格局，但新发展格局的形成需要时间，并不是马上就能实现的。对于企业而言，要辩证地看待这个阶段。

比如，2020年上半年疫情初期，国内经济一度停摆，生产受影响，后来国外经济也停摆，不需要我们的产品了，出口也受影响。2020年下半年到2021年上半年，情况又完全不同，国外对国内产品的需求是天量的，他们需要几千亿只口罩，中国企业又掉过头去满足国际市场，这说明国际市场和中国脱钩是不可能的。

那么2022年呢？2022年中国的内需会恢复，我们出台了那么多资金方面的政策，情况是在好转的。但是无论如何，企业的策略应该是抓双循环、把握相互促进——国际市场有订单，当然当仁不让；国内市场也要积极地开发。两者结合起来，抓住客户才有江山。

第二，强化管理。管理是基本功，做企业就要有管理的硬功夫。

我做企业40年，做了不少管理方面的工作，也特别重视管理。我常想，我们有两面镜子：一个是美国的方法，也就是“创新+资本”，推动企业快速发展，例如特斯拉；另一个是日本和德国的方法，也就是“技术+管理”，把产品做好、做到极致。中国的企业应该把这两者结合起来，形成中国企业的新优势，既有“创新+资本”，也有“技术+管理”。

在管理方面，美国比较重视管理的理论，日本、德国比较重视管理的方法，我们也要把两者结合起来，创造自己的管理理论和管理方法。

这40年来，我经过实践也形成了一套管理的方法，就是“三精管理”：组织精简化、管理精细化、经营精益化。这套方法我在北京大学等高校讲过，3月还会出本书，书名就叫《三精管理》。企业管理还是我们的核心任务，核心一定要做好。

第三，防范风险。风险是客观的，如影随形，做企业没风险是不可能的，要尽量防范风险，让风险出现之后可控、可承担。

企业家做企业，做得小还可以说是个人的，做大了实际上是属于社会的。不管企业大小，倒闭了都会影响社会，无法独善其身。防范风险，是企业家应有的担当、责任和情怀。

在防范风险方面，有几点要注意。

一是要注意周期，研究周期。经济有周期，行业也有周期，周期上行时企业可能走得快一点，周期下行时企业要走得稳一点。同时，周期上行，我们要考虑到下行；周期下行，我们要考虑到上行，一定

防范风险，是企业家应有的担当、责任和情怀。

要辩证地看待。做企业前进打冲锋、攻城略地，那当然好，但也得学会转移、保留实力，这也很重要，要有进有退，不能只进不退。

做企业前进打冲锋、攻城略地，那当然好，但是也得学会转移、保留实力。

二是要量入为出，现金为王。企业经营就是遵循一个简单的公式：利润=收入-成本，要追求有利润的收入、有现金的利润，没有现金的企业就必然死掉。经营企业一定要量入为出，一定要知道自己有多少钱，要做多大的事。

三是要学会应对危机。风险对企业来说是如影随形的，风险大了就变成危机。危机来了怎么办？能不能应对危机？能不能转危为安？企业家不能光会批评，还要会处理危机，要清楚遇到困难该怎么做。这是企业家的一个重要特质。

我想到三个例子。一是万科，郁亮讲2017年万科就开始捂紧钱袋子，明白坚持活着很重要。万科看到了房地产的周期，现在活得比较轻松。二是万达，万达2017年出现了危机，但是能够断臂求生，现在也从危机中走了出来。三是恒大，2017年恒大还高歌猛进，现在陷入了危机，也正在直面危机，正在负责任地解决。这也是企业家应有的态度，面对危机一定去认真解决，当然，如果有机会早些解决危机就早些解决，不要等到小危机酿成大危机再去解决，那往往为时已晚。

这就是为什么做企业要战战兢兢、如履薄冰、如临深渊，这就是为什么要稳健经营。

发展更要稳健

经营企业要稳健，但不是要躺平、倒下，是要稳健前行、拾级而上，要稳健地发展，发展还是硬道理。关于稳健发展，我也有三点要分享。

第一，聚焦主业。我做企业40年，经历过北新建材、中国建材、国药集团三家企业，都是致力于做强主业。北新建材做石膏板做了40年，中国建材只做建材，国药集团只做医药，不越雷池一步，因此企业发展相对比较稳定。我也担任中国上市公司协会会长将近3年，看到一些上市公司出了问题，除了违法乱纪的，绝大部分都是偏离主业、盲目扩张，最后倒下。

做企业一定要做好主业。做大企业对标世界一流，这样是专业的；做中等企业对标隐形冠军，这也是专业的；做中小企业就做“专精特新”，也是专业的。“宽一米、深一千米”，无论大、中、小企业，都应该秉承这种思维，努力深耕细作，这是企业长久稳健发展的前提。

第二，创新转型。我们要有效、有质量、有目的地创新，不创新是等死，盲目创新是找死。技术范畴里有高科技、中科技、低科技和零科技，每种科技都重要。不见得每个企业都要去搞高科技，因为高科技需要的投资多、时间长，华为这样的企业适合搞高科技，因为它每年有1400亿元研发费用。总之，创新必须要做，但要稳健地做。

创新不光是技术创新，还有资本创新、机制创新。资本创新是很重要的。中国资本市场走过了31年，现在有4600多家上市公司，出现第一个1000家上市公司用了10年，出现第二个1000家又用了10年，到第三个1000家只用了6年，到第四个1000家只用了4年，到第五个1000家可能只需要两年，可见资本市场在快速发展。而且，现在不光有主板，还有科创板、创业板，北交所也开市了。企业除了可以上市，还有大量私募基金可以提供支持。资本创新迈一步，企业就会迈一大步，企业家一定要重视资本，而不只是重视资金。企业要解决融资难、融资贵，得大力发展直接融资；要减少公司的资产负债率，减少企业运行风险。

“宽一米、深一千米”，无论大、中、小企业，都应该秉承这种思维，努力深耕细作。

机制创新也能带来活力。讲到一次分配，过去企业要么是吃大锅饭，要么实行股东至上，其实这两种都不对。要解决公平和效率的问题，让企业既有公平又有效率，就需要机制的力量，在企业里构建企业效益和员工利益的正相关关系。好的内部机制可以把股东和员工结合起来，成为共享企业。

这方面，央企里做得好的是海康威视，地方国企里做得好的是烟台万华，民企里做得好的是华为。它们都有非常好的机制，所以都成了佼佼者。

总之，创新转型是企业的发展动力所在。

第三，协同共生。多年以来我们主张竞争，但竞争有好的竞争，也有恶性竞争。现在我们应该提倡良性竞争，提倡从竞争走向竞合，提倡从红海走向蓝海，再走向绿海，实现协同共生发展。

国企和民企就是协同共生的。大型央企是企业链的链长，后面可以有上千家民企做外包，从而形成价值链、供应链和产业链。它们之间没有本质上的意识形态竞争，实际上是互为一体的，是孪生兄弟，是连在一起的，不能厚此薄彼。

大企业、中小企业也是协同共生的。大河有水小河满，大河无水小河干；大河也是由小河汇集起来的。即使是在同一个行业里，竞争者之间也要协同才能共生。

所以，今天我们认为，企业发展应该建立在共生、共赢、共享的基础上，有钱大家挣，社会才能美好。做企业的根本目的是让社会更美好，让大家更幸福，让大家都发财。

我们应该提倡良性竞争，提倡从竞争走向竞合，提倡从红海走向蓝海，再走向绿海，实现协同共生发展。

本文摘录自“2022企业家新年大课暨正和岛（海南）新年家宴”主论坛中宋志平所作演讲《拾级而上，稳健前行》

编辑：王夏苇

新一年，我的4个经营关键词

陈春花 内部讲话

北大国发院BiMBA商学院院长
正和岛首席管理学家

“流变”正是今天最显著的特征。我们沉浸在一个数据、信息涌动的社会环境之中，所有事物因此而发生着性质、表征上的变异。很多习以为常的事物，现在都变得异常，各种认知和观点于广泛传播之中，衍变与冲撞。

在这样一个流变的时空里，我依然坚持强调，突破认知局限，去驾驭未知与变化；通过深度学习快速迭代自我，找到与变化共处的解决之道；进化出克服不确定性的能力，并从不确定性中获益；拥有一种韧性成长的力量，实现穿越周期的增长。

对于2022年而言，经营的选择依然会非常困难，也极具挑战，我的选择如下。

关键词1：以顾客为中心，回归顾客价值创造

持续聚焦顾客价值创造，应该说是我坚持不变的原则，所以，2022年的经营策略选择，我依然以聚焦价值创造为首选。疫情新常态下，会有更多的顾客需求场景出现；新格局的挑战与未知世界的探索，同样会展现全新的价值空间。

当企业能够真正以顾客为中心，回归顾客价值创造之中，就能感受到一个又一个新业务场景的涌现；新技术与客户进行互动时，更深层次、更具针对性的价值空间便被呈现出来；各个领域具有前瞻性的顾客价值方案，也随着技术开发程度的演进、顾客价值创新的推进，被一一创造出来。

在我看来，那些能够把技术与员工、供应商、生态伙伴协同在一起，连接共生，为顾客提供飞跃性价值的企业，正在获得以及将会获得跨越周期的价值增长。

能够把技术与员工、供应商、生态伙伴协同在一起，连接共生，为顾客提供飞跃性价值的企业，正在获得以及将会获得跨越周期的价值增长。

关键词2：塑造变化，创智行动

在不断变化的环境里，企业需要在稳定性、灵活性和复杂性之间取得平衡，因此，企业必须自我塑造变化。一方面，企业需要引领变化，创造企业或者行业的新价值；另一方面，企业需要持续创造价值，让企业自身具备动态变化的能力。我把这两方面的努力，合称为“创智行动”。

“创智行动”是指围绕顾客价值创造性展开的一系列活动，需要企业真正体现“以人为本”的组织管理理念，组织成员具备更强的组织学习能力，以及自主行动创造的能力。同时，企业提供数字化技术赋能、激励价值创造以及包容多元的组织氛围。

对于今天的企业而言，通过“创智行动”拥抱变化，自我加速变化，必须成为一种习惯。唯有此，方可拥有主导市场的力量，以及获得顾客青睐的魅力。转型变革永远在路上，保持谦逊，把每一步都作为起点，因为变化才是永恒。

关键词3：慢变量是关键，找到自身的使命

我们需要一种真正关注长期发展，而不是短期收益的模式。

认知企业与外部世界的关系在今天比以往任何一个时期都重要。技术已经深刻改变人们的生活，也在深刻改变着人与自然的关系，领导者的决

策比两年之前更复杂，企业处在更广泛、更直接的利益相关者体系中；人工智能变革不断提升价值，同时也导致人们遭遇完全不同的压力和冲击；努力践行ESG（环境、社会和公司治理）责任，关注企业对世界产生深刻影响成为企业可持续发展的必然选择。

企业需要让自身的使命传递到产品与服务中，让组织成员从使命出发，确定每项任务如何让世界更加美好，如何更好地帮助顾客，如何推动社区健康发展。当以人为中心、利他共生、科技向善内嵌在企业使命之中时，商业所释放的价值，一定会在社会价值创造中熠熠生辉。

关键词4：
韧性成长——敏捷性与韧性

在疫情危机和经济放缓的背景下，微软提出韧性成长（Resilient Growth）方法论——帮助全行业用大数据迭代运营管理，打造技术韧性；用数据洞察助力商业模式创新，构建业务韧性；注重培养，以人为本，用创造力文化实现内生的韧性成长。我认同并将此作为2022年的经营选择。

企业需要有组织的敏捷性以及足够的组织韧性，方可在动态变化的环境中找到解决方案，获得成长。疫情防控环境的不确定性推动了对组织弹性的需求，因此也需要企业内部具备更强的敏捷性。同样重要的是，越在动态变化的环境下，组织韧性越能呈现出其独特的价值。

事实证明，韧性不仅是一种抵御危机的能力，更具有与动态变化相调适与不断进化的特征。回顾2020年新冠肺炎疫情危机中实现逆势增长的企业，它们的共性是具备快速反弹的敏捷性、强烈的创新基因，以及同心协力应对危机的组织韧性。

转型变革永远在路上，保持谦逊，把每一步都作为起点，因为变化才是永恒。

接下来的企业发展中，无论是数字化转型，还是技术创新价值，抑或是对未知世界的探索，把创新融合在企业文化中，形成内部的敏捷协同效率，以创造力实现内生的韧性成长，既是方法论，也是战略选择。

当以人为中心、利他共生、科技向善内嵌在企业使命之中时，商业所释放的价值，一定会在社会价值创造中熠熠生辉。

结语：重要的是永续学习

2022年，注定会在一个流变的时空里，脑海中响起的依然是赫拉克利特的声音："没有什么是静止不变的。"这也使我想到Gartner副总裁、分析师、研究员Daryl Plummer在Gartner IT Symposium/Xpo 2021的演讲中表示，"更重要的是永续学习，从多角度学习是必不可少的，而学习也是一个共同的责任"。周遭所发生的一切，让我们充分意识到，世界正处于创新风起云涌的时期，多角度的学习让我们得以发现令人惊喜的新世界，虽然充满挑战与不确定性，但孕育着更大的可能性。

学习作为一种责任，帮助我们从不同的视角看待世界，理解那些不同的观点、那些我们尚未理解的知识，并使我们能够接纳与灵活运用这些观点和知识来解决问题。永续的学习，可以带领我们用知识的光辉驱散无知，用学习的力量探索未知，并以此获得持续成长的基础和动力。

学习也让我们感受到，在这个未知的新世界里依然蕴含着人类内在的精神力量，认知自我，不断探索，跟随智慧，从心向善。

本文摘录自2021年12月19日"第六届国家发展论坛"
管理分论坛中陈春花教授的分享
《2022年经营环境和经营选择的关键词》，内容有删减
编辑：曹雨欣

推荐语
回归商业本质

徐井宏　推荐

北京中关村龙门投资
有限公司董事长

我们正在经历第四次工业革命，科学技术的发展、经济形态的演化、世界格局的走向瞬息万变。面对充满不确定性和复杂性的时代特征，企业家和投资家要具备把握本质的能力，在不确定中建立确定性，并努力将复杂的问题简单化。

卓越的企业都善于借助科技、市场、资本、政策四个力量。在借助资本力量方面，要认识到当前的投资趋势正从关注短期业绩增长向关注长期核心能力转变，从过去单纯关注企业规模向关注企业价值转变；也要认识到资本的两面性，在借助资本力量的同时，警惕资本带来的副作用。

从投资人角度而言，必须回归价值投资，坚持价值投资才会有真正的未来，所有投机行为的结果一定会是在另一个时点付出惨痛的代价。简约商业思维倡导"把握本质，遵循常识，聚焦关键"，正是基于"商业的核心本质是创造市场价值"这一基本理念。

作为正和岛新未来塾的一期学员，朱倍平（"85后"）和卜一洲（"90后"）在自己的探索与实践中形成了投资理念和经验，相信对读者也会有所启示。

这两年大家都在说创业和投资的寒冬来了，我认为无所谓春夏秋冬，四季都是风景。无论创业还是投资，都在回归理性、回归价值创造、回归商业本质的路上。

坚信价值投资，坚定做多中国

朱倍平 独家口述

上海东信股权投资基金管理有限公司董事长

不确定性环境下的投资风向

正和岛：您从事的业务是资产管理，您认为未来几年价值投资的痛点是什么？

朱倍平：未来几年仍然充满不确定性，投资就是在充满不确定性的世界追求确定的事情。

股票市场受三个方面的影响比较大。

第一，受经济基本面的影响。新冠肺炎疫情对国际经济冲击巨大，很难确定疫情什么时候才结束。同时，目前美国经济相当于处在美林投资时钟理论的第三个周期——滞胀阶段，滞涨阶段会持续多久？会不会进入美林投资时钟理论的第四个周期——衰退阶段？如果进入衰退阶段，大概什么时候进入？这些问题的答案也不确定。另外，美国的巴菲特指数[1]严重超标，现在已经超过200%，而且巴菲特和高盛目前持有大量现金，这是不是为美林投资时钟理论的第四个周期做准备呢？

第二，受M2货币政策的影响。美国当前的牛市是资金流决定的牛市，是靠美联储不断放水推动的，那么，美国缩表、退出宽松货币政策的靴子什么时候落地？同时，中国已经在降低存款准备金率了，已经开始适量放水，进行对美国收水的对冲，那么，中美两国截然相反的货币政策对世界经济以及股市会有什么影响？这些问题的答案也会

① 巴菲特指数，也称为巴菲特指标，是根据美国股票市场的市值和国民生产总值来计算的。在巴菲特看来，如果两者比例在70%~80%范围内，买入股票就能获得不错的收益；在这一比例偏高的时候买入股票，是相当不理智的行为。

投资就是在充满不确定性的世界追求确定的事情。

影响股市的风向。

第三，受利率的影响。未来几年，美国加息的靴子什么时候落地？中国将怎样去对冲？2021年，全世界至少有27个国家已经提前加息进行了对冲。那么，当美国加息的靴子落地之后，根据索罗斯的反身性理论[1]，世界经济会出现什么样的反身性？这些问题的答案也是不确定的。

我想，未来几年从事价值投资，要关注、分析以上这三个方面的影响。

正和岛：在充满不确定性的环境下，您认为2022年和不远的未来，哪些投资赛道值得关注，例如新能源、碳中和赛道？

朱信平：我关注了两个赛道。

一个是生猪行业。生猪行业基本上以4至5年为一个周期。当前一部分养猪龙头企业已经建立了成本优势或者规模化养殖优势。我认为生猪行业2022年大概率会开始新一轮周期，目前猪肉价格已经跌到了近几年以来的低点，2022年是否会有价格回升将值得关注。

另一个是互联网行业。2021年互联网行业受政策影响非常大，部分互联网企业出现了估值杀跌，2022年互联网行业是否会出现估值回归也很值得关注。

至于新能源、碳中和领域，肯定是未来的方向，但是，资本市场本身是会提前反映经济、政策走向的，目前这两个行业的很多上市公司可能已经到顶，2022年是否能保持这样高的估值，我认为有比

① 反身性理论，也称为反身理论，是指在政治、经济领域有一种自我加强的现象，这种现象以最后的快速调整而结束。反身性理论对金融市场的直接指导意义在于能够让人更了解市场变化的曲线，在走向繁荣或崩溃的情况下争取获利。反身性理论的提出者和最成功的执行者是量子基金创始人索罗斯。

较大的不确定性。一般来说，进行价值投资时，对于特别热点的行业要持谨慎态度。

正和岛：2022年您投资的关键词有哪些？

朱倍平：4个字——**估值回归**。

我会关注一些在未来5年左右时间内有持续竞争优势的企业，一些优质的、有护城河的、所在行业长期来看竞争优势比较大的企业。它们目前因为政策或市场情绪的影响出现了估值下跌，但在2022年，市盈率有可能回归到正常水平。

价值投资的底层逻辑

正和岛：关于价值投资的观点比较多元化，有人说"价值投资是21世纪最大的骗局，尤其在中国，A股其实不存在价值投资"。您是怎样坚定对价值投资的信仰的？

朱倍平：要做对的事情，价值投资是唯一正确的路，而且中国的环境更适合做价值投资。

第一，价值投资本质是赌国运，可以预见中国经济未来会问鼎世界第一，整个中国的国运处于上升阶段，所以这个时代非常适合做价值投资。

第二，中国人口比较多，散户目前在股市里的占比也较多，跟美国相比，我们的股市流动性更好；另外，目前中国二级市场没有资本利得税——资本利得税会减少投资收益，价值投资主要靠复利增长，从长期来看，虽然短期内的收益可能会减少，但在未来会是一笔巨额财富，这也是税收层面对价值投资的一个利好政策。

第三，价值投资的关键是定性和定量分析，通俗地说就是择股和择时，"会买的是徒弟，会卖的是师父，会空仓的是祖师爷"。巴菲特有保险集团，有大量的、源源不断的、低成本甚至负成本的

所谓价值投资，知易行难，经商赚大钱的人比比皆是，通过炒股、投资赚大钱的人却凤毛麟角。

不同的行业有不同的特点，但做任何一个决策之前都要考虑，做了决策会不会让自己永远没有翻身的机会。

资金，可以不停补仓，我们没有这样的条件，只能守正出奇、谋定后动。

所谓价值投资，知易行难，经商赚大钱的人比比皆是，通过炒股、投资赚大钱的人却凤毛麟角。因为价值投资除了依赖智力因素，还受很多非智力因素影响。

投资和打仗有很多相似之处，价值投资的原理也和《孙子兵法》有很多相通之处。《孙子兵法》提到“善战者，立于不败之地，而不失敌之败也”，创造不被敌人战胜的条件，再等待战胜敌人的时机。每一次投资决策都相当于打仗，都要谋定而后动。巴菲特也说，价值投资的第一条原理是不亏本，第二条原理也是不亏本，第三条原理还是不亏本。每一次美国股市大涨的时候，巴菲特都会被盲目买进的人嘲笑，而每一次大跌都会证明巴菲特的睿智，所以，真理永远掌握在少数人手里。

正和岛：您提到“投资就是在充满不确定性的世界追求确定的事情”，做企业经营决策也是如此，投资决策与经营决策的逻辑是共通的，您是否总结过自己的决策理念？

朱信平：我的决策理念是六个字，**“低风险，高胜率”**，企业经营决策最好也遵循这个原则。

不同的行业有不同的特点，但做任何一个决策之前都要考虑，做了决策会不会让自己永远没有翻身的机会。如果风险可以承受，那就可以勇敢地打一仗；如果一次投资、一个决策可能危及身家性命，那一定不要轻易去做。这些年以来，我见过身边很多的例子，身价几亿元、十几亿元甚至几十亿元的企业家，因为不科学的投资决策，有的倾家荡产，有的变成失信被执行人，类似的教训可以说比比皆是。

谨慎投资，相信未来

正和岛：一些经营实体产业的企业家也有涉足金融投资领域的念头，当下的环境里，您对于他们有什么建言或提醒？

朱倍平：价值投资原理听起来简单，但真正掌握其实很难，既要大量学习专业理论知识，又要有丰富的实践经验，还要善于总结。大部分企业家取得成功，是因为在自己的行业成了顶级专家，但是按照价值投资原理，每个人都有“能力圈”，在自己的“能力圈”还没有扩展到足够的范围之前，尽量不要轻易涉足不熟悉的行业和领域。大量的投资失败的例子就是因为投资者轻易进入自己不熟悉、不擅长的领域。

我做投资十几年，但每天也是如履薄冰、小心谨慎，很多企业家做实业赚了大钱，但在投资领域可能还是小学生、初中生，做投资决策一定要慎之又慎，特别是牵扯到大额资金的时候，这真的是有倾家荡产的风险的。

正和岛：面对扑朔迷离的后疫情时代，您对未来有什么展望？

朱倍平：**价值投资需要“赌国运”，巴菲特说过一句话，“我永远不会做空自己的祖国”，我们也应该一样，对中国的未来充满信心。**现在我们可能遇到了种种挑战和困难，但在可以预见的将来，中国经济一定会成为世界第一。

前些年间接融资在我们国家经济中的占比太大了，所以现在的国家政策推动居民资金向资本市场流动，这个方向是对的。我想提醒未来打算涉足投资领域的读者：一是不要用杠杆，很多拥有多年经验的专业投资者也不会轻易用杠杆；二是要坚持长期主义，买股票其实是买企业的未来，不要想着一

每个人都有“能力圈”，在自己的“能力圈”还没有扩展到足够的范围之前，尽量不要轻易涉足不熟悉的行业和领域。

夜暴富，这基本是不可能的。

大部分人其实并不适合做股票投资，巴菲特也建议大家去买指数基金。从长期来看，大部分基金经理的业绩是跑不赢指数基金的。2022年我们公司会推出几个指数增强的策略，即使出现回撤，幅度也会相对小一点，这更符合人性，更加适合大众。我们的宗旨就是帮助更多的人实现财富保值和增值，这也是我们一贯坚持的价值观。

采编：刘靖阳

附录：朱倍平的价值投资参考书

1.《聪明的投资者》，[美]本杰明·格雷厄姆，人民邮电出版社，2016年3月

2.《巴菲特之道》，[美]玛莉·巴菲特（Mary Buffett）/大卫·克拉克（David Clark），中国人民大学出版社，2008年3月

3.《戴维斯王朝》，[美]约翰·罗斯柴尔德，中国人民大学出版社，2018年11月

4.《价值》，张磊，浙江教育出版社，2020年9月

5.《投资最重要的事》，[美] 霍华德·马克斯，中信出版社，2019年4月

6.《投资中最简单的事》，邱国鹭，中国人民大学出版社，2014年10月

7. 《中国股神林园炒股秘籍》，王洪，经济日报出版社，2007年7月

8.《复合增长：林园的投资逻辑与策略》，王洪，山西人民出版社，2021年5月

9.《时间的玫瑰》，但斌，中信出版社，2018年5月

10.《憨夺型投资者》，[美]莫尼什·帕伯莱，机械工业出版社，2008年6月

11.《巴菲特的护城河》，[美]帕特·多尔西，广东经济出版社，2009年9月

12.《巴菲特致股东的信》，[美]沃伦·巴菲特(Buffett,W.E.)，机械工业出版社，2004年1月

90后经营者的信心与心声

卜一洲 独家口述

北京澄明盛世管理咨询有限公司总经理

投资行业的逻辑发生了大变化

正和岛：近两年的宏观形势发生了很多变化，比如中美贸易争端、新冠肺炎疫情等，对您从事企业经营有何影响？您以什么措施来应对？

卜一洲：我先介绍一下我司经营的特点。我们从事产业投资，以与被投企业共同成长为目的；投资的企业数量可能不算多，但对单个企业投资的比例比较大，可能达到15%～20%，会在单个企业上下功夫；除了投入资金，还投入人员和团队，在被投企业中深度扮演一些角色。

针对宏观形势变化的影响这一问题，我从投资行业以及我司投资两个角度谈一下相关变化和应对措施。

总的来说，过去10年的外部环境确定性比较强，投资行业增长比较快且比较有确定性，所以最好的投资策略是尽可能地做大资金管理规模，多投资一些成长快速的行业和公司，从2010年前后到2020年，就出现了很多投资一级市场、管理规模可能超过50亿元的大型投资机构。

但是，从2020年起，情况发生了变化。首先，各行各业的增速降了下来，中美贸易争端和新冠肺炎疫情也带来了更多不确定性，投资就不能只看大致的行业脉络、行业逻辑了，而是必须更深入地了解某一个或某几个垂直行业，理解其运行规则，甚至到行业中干一段时间，这样才会提升决策的确定性。其次，过去一段时间里，国家在强调为资本设置“红绿灯”，重视平台企业的无序扩张问题，过去通过快速扩张抢占市场份额、通过大规模融资抢占市场先机的做法在这种背景下失效了，再想打造垄断平台就可能遇到比较大的阻力。

所以，投资行业的逻辑已经发生了大的变化：过去是追求资金管理规模，现在是要精细化地了解一个或几个行业；过去是在不同行业中挑选成长速度最快的公司，现在是在某几个行业中深度地绑定头部公司，获取企业成长红利，而不只是要追求估值提升和板块之间套利。

这就是我对这两年投资行业所发生的变化的一些认识。

具体到我司来说，主要针对服务领域、消费领域进行细分产业投资。在这些领域里，大家普遍觉得各行各业都在内卷。内卷的原因之一，我认为是服务、产品比较同质化。

面对同质化的现实怎么办？我们发现，有两种方法能够让公司、产品凸显出来。

一种是通过技术手段，提升产品功能属性，这是国家一直鼓励的，也是很多科技企业在做的。举个例子，我们深入了解过一家做小电器的公司，叫追觅科技，它把电机转速提升到了国际领先水平，在和国内一些同类产品的横向比较中确实更胜一筹。

另一种是提升产品精神属性，让用户为更好的精神体验而消费，或者给用户更多、更好的选择理由。这就要提升服务的精细化程度，加深对用户诉求的理解深度，发现并把握击中用户情感的关键点。

提升服务的精细化程度，加深对用户诉求的理解深度，发现并把握击中用户情感的关键点。

另外，各行各业过去比较容易赚的钱，现在不太容易赚了，有什么资源就能赚什么钱的简单经营逻辑面临着挑战，所以一定要在技术提升、用户细分经营上进行总结、沉淀，可能两三年之后，才有把握获得理想的盈利水平。

年轻企业家做决策的特点

正和岛：您和您的母亲薛晓晶女士（编者注：山西海天世纪房地产开发有限公司执行董事、总经理）都是正和岛岛邻，薛女士主要经营的是房地产业务，您在具体的企业经营里为什么选择投资板块？

卜一洲：以前的房地产行业，更多的是一个经验驱动型、资源驱动型和资金驱动型的行业，拿钱、拿地、盖楼、销售，逻辑链条相对简单。现在因为宏观环境的种种因素，房地产行业慢慢转变为运营驱动型，在持有资产之外，还需要想办法把资产运营起来，得针对所服务的人群，提供他们更需要的产品和服务。

直接地说就是，现在整个房地产行业基本饱和，不管是行业保有量，还是人均住房面积，都是如此。房地产商沉淀下来的优势大概率就是两种：一种是资金，可以转向其他行业，进行投资或经营；另一种是手里沉淀下来的一些物业资源，可以与消费市场结合起来做物业资源运营，比如吸引商户、平台商入驻商场、写字楼、门店，这就需要双方来合作，因为商户、平台商的生存能力究竟怎样、运营效率是高是低，反过来会影响房地产的发展空间。

所以，我们现在会有房地产业务、投资业务两条线，我来具体负责投资。

在有信心的基础上保持节奏一直往前走，坚守自己的方向，不要动摇，有耐心等着结果出现。

正和岛：您在企业经营和投资决策上，跟上一代有没有分歧，如何解决分歧？

卜一洲：差异可能是存在的，但是在原则、本质、常识性判断等方面不会有太大差异，在决策习惯上会有一些。

上一代人做决策的重点在于方向大致正确。比如任正非的观点就是不去追寻特别精细的决策依据，决策的关键是简捷有效，在短时间内把事情说清楚，边推进项目边修正。

年轻人可能更倾向于先把事情调查清楚。比如要做十件事情，上一代人根据决策经验，可能会轻松挑出几个主要矛盾来处理，显得更精简、更准确；年轻人就要逐渐从十件事里找出所认为更重要的东西，这需要一些实践的经验，所以可能花费的时间更长一点。

坚定信心，好的事情能够慢慢发生

正和岛：2022年，您在企业经营、投资上有哪些关键词？

卜一洲：就我自己而言，**第一个关键词是"信心"**。目前的环境下，大家或多或少会遇到一些困难和挑战，所以信心很重要，不管是对于自己还是对于团队，只要方向正确，都要相信好事能够慢慢发生，或早或晚一定会到达想去的地方、得到想要的结果。

第二个关键词是"耐心"。过去做生意、出结果比较快，可能半年就赚到很多钱，但现在宏观环境是增速放缓，容易赚的钱不多了，所以在战略上一定要有耐心。在有信心的基础上保持节奏一直往前走，坚守自己的方向，不要动摇，有耐心等着结果出现。

第三个关键词是"灵活"，也可以叫"适应"。变化会一直出现，不管是宏观环境，还是政策因素、不可抗力。在有信心和有耐心的基础上，要学会灵活适应，不断调整自己，不能一成不变地沿用旧的方法，比如为了生存，需要调整的团队一定要调整，一些不重要的业务方向也一定要舍弃。

最终驱动社会发展的是大家对美好生活的追求，只要大家内心深处还有这种愿望和信念，总能扛过面前的困难。

当下的形势有积极的一面，并不是表面上看起来的迟滞不前。

正和岛：在充满不确定性的环境中，您怎样坚定信心呢？

卜一洲：**首先要客观全面地看待目前的形势。**一开始我也认为这几年形势很特殊，多跟长辈们交流，会发现这样的形势出现过很多次，当下并不是一个多么独特的、有不可调和的问题的时期，一些扰动因素终究会过去。最终驱动社会发展的是大家对美好生活的追求，只要大家内心深处还有这种愿望和信念，总能扛过面前的困难。

具体来说，现在也能在很多行业看到好的变化，越来越多的好产品、好服务正在不断地被创造出来。或许现在只能获得一小部分人的认可，但这部分人对产品的忠诚度、依赖度高，市场的正向认可和反馈会驱动企业把产品和服务做得更好，从而形成良性循环。各个圈子、各个行业正在出现一个个这样的正向反馈，由此催生的信心终究会燎原。所以，从微观的角度来看，当下的形势有积极的一面，并不是表面上看起来的迟滞不前。

其次，**新一代的企业经营者、创造者的内心也存在着坚定的信念。**有些人会认为，新一代因为成长的环境、接受的教育不同而过不了苦日子，受不了挫折。其实不是的，他们同样有很强的韧性，愿意承担责任、接受压力，他们也会觉得，自己终将经受考验。这也是一个挺令人乐观的现象。

采编：田兴宇

做事还须
大智慧
交友不妨
真性情
心中常存
一善念
坦坦荡荡
江湖行
老树

做事还须大智慧，交友不妨真性情。心中常存一善念，坦坦荡荡江湖行。

插画摘自 @ 老树画画

案例 CASE

推荐语
科创企业家的3个共同特质

陆雄文 推荐

复旦大学管理学院院长

科创已经是这个时代的基调，也将是中国社会经济面向未来发展的主调。最近一两年，我与同事们走访、调研了80多家科创企业。它们在各个科创赛道上奋力拼搏，已经做出了许多“Me-too、Me-better”的技术和产品，但是真正解决“卡脖子”问题的科技成果还不多见。江必旺博士所创立的苏州纳微科技是少数在其领域发明和掌握全球领先技术的企业之一。我去苏州纳微科技做过两次调研，与江博士有过多次深入交流，从他身上看到了一名科学家华丽转身为科创企业家的艰辛、曲折、坚守和奋斗。

科学家创立以硬科技研发为主要驱动的科创企业，并能获得技术和商业两方面的成功，这往往需要作为创始人的科学家具有一些特殊的禀赋。依据我对包括江博士在内的科创企业家的访谈、研究，我认为，这类科创企业家都具有三方面共同的特质：

第一，他们都有科学理想。他们对科学研究、技术发明有着执着的追求、内在的热情，又对科技改变生活、推动社会进步有着浓厚的兴趣、殷切的情怀，乃至有一种民族自豪感。江博士想做出尺寸均一、性能优良的纳米级的微球材料，心中还有为国争光、为中国人赢得世界尊重的强烈愿望和使命感。

第二，他们都十分执着，不浮躁、不功利。不管是做研究发明还是创办企业，他们在各种艰难困苦面前都能够坚守初心，朝着所期待的目标全力以赴，即使有些科学研究半途搁浅、失败，也无怨无悔。江博士在创业征途中把纳米微球运用到生物医药产业作为其理想目标而坚持不懈，这也是他的技术能够实现全球领先的重要原因。

第三，科学家在创业过程当中受到很多外部环境条件的制约，包括资金来源、政策变化、投资人偏好、上下游协同等，但是成功的科创企业家都能在科技突破的过程中始终把握着主导权。江博士做到了不为资本所影响，自主、自立、自强，最终研发成功世界顶级公司都突破不了的技术，并使之工业化。

当然，除了科学家自身的特质外，科创企业家的成功也与外部环境、时代背景息息相关，这也是江博士所称的“时势造英雄”。如果中国没有生物医药产业的兴起，没有大量资本聚焦科创，没有政府政策的鼓励推动，苏州纳微科技登陆资本市场的时间可能会有所推迟。

我特别佩服的是，江博士对科学家转型为科创企业家路途的艰辛、风险、难点、痛点有着深刻的认识。我在复旦大学管理学院创办了科创领袖营项目，其目的就是以管理赋能科创，帮助科学家转型成为科创企业家。

科学家要实现成功转型，既需要外部各种专业力量的支持、帮助，又依赖于他们自身的觉悟和意愿。第一，作为科创企业家要以科学思维、开放思维来看待管理，视管理为科学，相信管理也是一套专业的知识体系。第二，科创企业家因此要学习管理，从理论到实践，重构管理理念、方法，构建一家企业有效运营管理所需要的知识、经验和能力体系，科创企业家不仅要懂研发、战略，又要懂财务、融资，还要懂商业模式、政府关系。第三，科创企业家要发展领导力，广泛吸纳人才，让企业成为骨干员工认同的事业平台，把创始人个人的自驱力化为整个团队的自驱力，这样才能够让科创企业行稳致远。江博士恰好就是这样的一位科学家和科创企业家！

自述：我如何从科学家到企业家

江必旺　内部讲话

苏州纳微科技股份有限公司董事长
国家级重大人才引进工程特聘专家

袁安根　批注

江苏天汇红优投资管理有限公司
董事长、长三角医药创新发展
联盟副理事长兼秘书长

从商业上评价，我觉得自己不算是好的企业家，只是恰好顺应了时代，参与了技术创新，身份从科学家变成企业家。今天谈谈在这个时代做科学家和企业家所面临的挑战和机遇。

坚持15年证明中国的创新能力

回国创业之前，我一直在美国做技术，主要在高校的实验室，或者大公司的研发中心，后来和朋友合伙创立了一家公司。最初我不是主导创业的，只想做自己擅长的技术和产品，而且跟家人承诺，一旦技术和产品开发完成，就可以带全家去美国。没想到一旦上了创业这条“贼船”就下不来了，到现在也没达成对家人的承诺，而且不管喜欢不喜欢、愿意不愿意，公司需要的我就必须干，为了公司的生存和发展，我也逐渐从负责技术和产品的公司首席科学家转型负责全局。

很多人问我，在美国生活得挺好，为什么非要回来创业？15年前，中国无论是生活条件还是工作条件、科研条件，都与美国有较大差距，我在美国打拼了十多年，基本也实现了留美学生的“美国梦”：在美国获得博士学位，找到一份自己喜欢的工作。虽然我在美国的世界500强公司里做科学家，也有美国人做我的助手，但是可以感受到很多美国人对中国有偏见，认为中国没有创新能力，中国企业的产品都是模仿来的，因此，心里一直想，如果我有机会一定要回中国。

了解更多
江必旺创业经历

“必须做一个真正的创新型企业，必须做出全世界其他人做不出来的东西，别人才会从内心里真正尊重你”，这是我当时回国的主要目的，也是在过去15年的创业过程中，在社会比较浮躁的时候，我能够坚持下来做底层技术创新的重要原因。在创业初期，很多投资人说，“不需要做高大上的技术和产品，你在美国工作这么多年，随便拿一个现成的产品到中国生产就可以把公司快速做大，公司也可以很快上市”。如果我这么干，公司10年前就上市了。但我没这么干，因为我希望改变国外对中国没有创新能力的偏见。

袁安根 批注①：

“以创新，赢尊重，得未来”一直是江博的理念。但要想做出全球原始创新，并获得国际巨头的认可和采购，还是蛮难的，所以我们需要向江博这样致力于全球原始创新的科学家致敬和学习。

2006年我带着全家回到中国，开始了10多年创新创业的过程，熬了15年，公司终于在科创板上市了。这15年干了什么？解决了一个“卡脖子”的技术——微球材料精准制造的技术难题。《科技日报》曾经列出35项“卡脖子”技术，除了芯片、飞机发动机等大家耳熟能详的东西，没有多少人了解的微球材料也在其中。其实，如果没有微球，一片生物药都生产不出来；如果没有微球，手机、电脑也都做不出来。微球是一种非常基础也非常核心的材料，但很遗憾它曾经完全依赖进口，而且在全世界范围内只有少数公司可以生产，是真正的“卡脖子”技术。

袁安根 批注②：

纳微科技除了在2006年创立时获得了几位朋友（天使投资自然人）共同出资的注册资本金外，一直到2017年才正式开始进行小规模的市场化A轮融资（天汇资本是该A轮的领投机构）。这10年，江博和企业既要考虑生存（即要有营收、盈利和现金流），又要制定并坚持执行非常清晰的发展规划（即是选择短平快的光电微球/LCD spacer等业务还是“种豆得瓜”的与下游客户具有高度黏性、战略性的生物医药业务）。这本身就是优秀企业家的全球化的视野和战略定律。这10年，江博碰到的企业经营管理、股东理念平衡、国际化原始创新和竞争、全球化的并购整合等很多问题，是常人无法想象、无法理解且很难解决的，但江博都挺过来了。我相信是那种创新报国、改变外国人对中国人偏见的内驱力一直在支撑着他。

微球到底是什么东西？大家很熟悉乒乓球，做微球就是把乒乓球做到纳米和微米尺寸。乒乓球容易做，但是要把乒乓球做到纳米大小的微观尺寸，难度非常大，尤其是要精准制造。因为微球肉眼看不到，是微观物质，所有宏观中习以为常的技术，比如做乒乓球的工具，到微观情况下全部失效。因此，做微球就要充分理解自然界的规律，控制微观的物质尺寸和形貌，这就是我们要解决的问题，也是微球精准制造的世界难题。

经过十几年持续研发，我们把微球材料精准制造技术做到了世界领先，有的技术甚至是独一无二的。去欧美市场参展时，欧美人问我是不是日本人，我说是从中国来的，他们非常惊讶——以前，他们有的东西我们没有；现在，我们能做出来他们做不出的东西。这15年创业虽然辛苦，但也终于实现了我创业的初衷，真正改变了别人对中国企业没有创新能力的看法。

时代会成就企业家

现在企业家面临很多困难，但是时势造英雄，时代会成就企业家。如果按照传统企业家的标准，我其实不够格做一个企业，因为我创业之前一直在实验室做科研，缺乏做企业需要的能力。因为这个时代对科技创新的需要，才让我这个有点木讷的技术人员变成创业者，同时也成就了纳微公司。现在的机遇在哪里？由于国际形势的变化、新冠肺炎疫情的影响、产业升级的需要及对环境保护的重视，时代的需求发生了很大改变。这个时代最大的需求就是突破关键核心技术，也叫“卡脖子”技术，以保障中国产业链的安全。谁能帮助中国解决“卡脖子”技术难题，谁就会迎来时代的机遇，成为时代的英雄。

我要强调的是，创新在高端产业和传统产业都可以产生。

举个例子，生物制药是高端产业，关键材料和设备处于高度垄断状态，中国企业需要通过创新解决产业链“卡脖子”技术问题，做出高性能、高质量产品，从而实现进口替代，因此高端产业需要创新，这是很容易明白的。但是，传统原料药产业也需要创新，其对创新的需求不亚于高端产业，因为传统产业需要升级。全球百分之七八十的原料药都是在中国生产的，但中国很多原料药生产工艺还很落后，很多都是一百多年前欧美开发出来的，后来由

袁安根 批注③：

小微球，大世界。江博内心非常清楚，当全球原始创新技术研制出来后，可以将这些微球二次开发，并应用于很多领域，包括生物医药、体外诊断、光电微球/LCD spacer、原料药产业工艺提升及高浓度污水处理等细分领域，每个细分领域都有数十亿元、上百亿元的市场空间。这既显示了纳微科技未来的成长前景，更说明了全球原始创新的新材料的重要和宝贵。

于成本和污染问题，产业转移到了中国。

更遗憾的是，一百多年里，各方面技术都取得了很大的进步，而很多原料药生产工艺还停留在一百多年前开发的水平。由于生产工艺落后，原料药生产就产生大量的污染排放，随着国家对环保要求越来越高，很多药企不得不从城市搬到郊区，再搬到边远地区，甚至搬到对环保要求更低的第三世界国家，其实搬迁没有解决任何根本问题，只是转移了污染的地方。因此，传统原料药产业更需要技术创新来解决源头污染问题、环保问题。然而，传统原料药产业的创新恰恰容易被人忽视，也缺乏人才。其实，传统原料药产业体量巨大，一旦产生技术创新，对产业及社会的影响反而更大，因此也更需要创新。

中国有很多类似的传统产业存在巨大的变革潜力和商机，这是科学家和企业家的机遇和挑战。

传统产业存在巨大的变革潜力和商机，这是科学家和企业家的机遇和挑战。

解决“卡脖子”技术难题的关键

如何解决“卡脖子”技术难题，促进科技成果转化？按常识来说，解决“卡脖子”技术需要砸钱、砸人，但我觉得，最重要的是砸时间。“卡脖子”技术往往在全世界只有一两家公司能做。为什么？一定是有不小的技术难度，要有长时间的技术积累，不是只靠砸钱、砸人就可以解决的。从我自己的经历来说，不是我们更聪明、更有资源，只是我们比别人更有耐心，更能长时间坚持，才会研发出世界顶级的公司都突破不了的技术。很多技术我们都花了10年以上时间才研发成功。在经济快速发展时期，企业需要跑马圈地，需要快速走路，但是跑马圈地的时代已经过去了，今后企业更需要精耕细作。

另外，要敢于跨领域创新，跟着别人的路走是很难超越别人的。我觉得跨领域创新才有颠覆性机会，我们可以把一些技术和产品做到世界独一无二，就是因为进行跨领域创新。我学的是有机高分子材料，后来在创业时跨领域到无机材料，解决了二氧化硅微球精确制造的技术难题，如果不是跨领域创新，我们无法做出世界上无人突破的技术和产品。

创新对中国越来越重要，想想看，其他国家发明创造的东西，我们通过模仿来大规模生产赚钱。如果换作我们，是不是也会去打压模仿行为？只有真正实现创新，才能改变别人对我们的看法，才能让别人尊重我们。而且，创新不仅能解决中国自己的产业问题，还可以惠及全世界。举个例子，我们有一家欧洲制药客户，原来用日本一家世界500强企业的微球，由于我们的技术创新，用3000升微球就可以替代日本企业的1.3万升，生产效率达到了它的3~4倍，而且使客户的药品纯度提高。这些让欧洲客户、日本企业都非常震惊，这不仅解决了中国"卡脖子"的问题，也为全世界在这个领域的技术进步做了贡献，改变了欧洲的制药公司对我们的看法。

创新还有一个条件，就是既要有养活自己的能力，还要能保持初心。我们的企业能够坚持研发十几年，一个非常重要的条件就是有养活自己的能力，没有依赖资本。

袁安根 批注④：

随着纳微科技这样的全球原始创新的公司上市，并形成良好的双创成功效应和财富效应，尤其是对科学家创业成功的肯定，未来会有更多的类似纳微科技的优秀公司诞生并上市，中国的经济质量和规模提升将更有希望。而实现这些目标，需要国人有更好的学习力、更多的研发耐心以及更多的专业资本对原始创新技术和团队的支持。

最后要说的是，改革开放以来中国取得巨大进步，是依靠人口红利，但现在各方面成本已经高涨起来，进一步发展的机遇在哪里？只有释放人才红利。我们的国家培养了最多的理工科学生，我们的科研院所发表了最多的文章，有的领域里我们发表的文章数量远远超过美国，但是我们的文章数量跟产业化技术不匹配，很多领域技术受制于人，也就是说，我们的人才红利还没有发挥出来。

如何把人才红利释放出来，是我们的企业家和科学家共同面临的挑战和机遇，也是我国下一阶段真正走向强盛的最重要条件之一。以前的发展模式已经不可持续，企业家如何抓住这个机遇，来获取人才红利，这是值得思考的问题。

我是做技术出身的，在北京大学待过，了解到很多企业家都希望跟科研院所合作，实现科技成果转化、产业升级。在我看来，产研结合中有几个问题，需要企业家和科学家共同解决：

第一，中国的科研人才大多聚集在科研院所，企业往往缺乏科研人才；

第二，很多高校老师、教授的科研技术不能直接转化，而且离转化为产品有很长的距离；

第三，无论是高校科研人才还是企业家，往往都会低估科技成果转化的难度，在遇到困难时容易缺乏耐心，导致科技成果转化失败。

我相信，克服了这些问题，科技成果转化将更快捷，中国的人才红利将更好地发挥作用，中国也能够更好地解决“卡脖子”问题、未来发展的问题。

袁安根 批注⑤：

国家已加大对“专精特新”技术和项目的支持，未来还需要加快推动“产学研金”等方面的融合发展。只有这样，才会加快源头原始创新成果的转化，才会构建更合理的创新链、产业链、价值链和生态链，也才会有更多的科学家专注于基础科研，才会有更多的全球原始创新成果走向产业化，中国经济才会更高质量地发展。

摘编自2021年12月31日“正和岛2022企业家新年大课”
江必旺博士演讲《科学家如何转型成为企业家》
编辑：田兴宇

扫码观看
江必旺演讲视频

什么都会过去，古今没有不同。抬头看看天上，流星划过夜空。

——木刻

插画摘自 @ 老树画画

有味 CROSSOVER

栖息在桥上，还是彼岸？
——重新理解企业家精神（上）

田涛 独家撰稿

华为管理顾问

1992年8月，在海南岛的某家酒店，一场大型酒宴抵达高潮。数百人的宴会厅挤满了男男女女，酒精放大了每一张面孔的亢奋，多巴胺演绎着一幕“化学交响曲”。“多巴胺不是快乐分子，它是预期分子。”这数百人操着不同的方言，或官或商或文，但灵魂中大多澎湃的是对“淘金”的向往，他们是来自中国内陆每一个省份的十多万“闯海者”的缩影。那晚的主角是一位当红的四川籍企业家，他穿梭于每一桌的宾客之间碰杯痛饮。那一晚，他是被抬出宴会厅的。

中国正在步入波澜壮阔的重商时代。刚刚成立不到5年的海南省也是中国最大的经济特区，试验与冒险是斯时斯岛的主旋律，商人是这座开放大舞台的历史主角。20世纪90年代，海南岛最受瞩目的商业明星是：寰岛集团总裁王福生，新能源集团董事长陈宇光，珠江集团总裁林瑞俊，民源集团董事长马玉和。那时，他们象征着那片热岛的惊心动魄与烟花绽放。

1992年8月的那晚，在酒精燃烧着数百位“流浪者”精神世界的“金色晚宴”上，我以VIP的身份坐在第一排左边角落的桌侧，那时的我是《投资与合作》杂志的总编辑。豪宴美酒，却让我在一瞬间感到异常的孤独，头脑中居然蹦出两个词：火山与飞鸟。

此后不久，我为新出版的杂志写的卷首语的题目是《心动不如行动》。

一年后，《投资与合作》开设专栏，连续多期推出关于历史上的中国商人、企业家的介绍与评述文章，从范蠡到卢作孚，再到张謇、胡雪岩……我也从那时起，开始了对商业文化和企业家精神的思考与研究。

企业家定义：冒险精神是企业家的第一禀赋

“企业家”是我们这个时代的一个热词，自诞生以来，也一直是东西方文明史中一个备受争议的职业的语义符号。企业家精神是20世纪60年代以来在经济学界逐渐热门起来的话题，在当今的中国舆论界，这一话题也变得热闹起来。那么，到底“企业家”指的是哪一类人群？真正的“企业家精神”包括哪些内涵？卓越的企业家应该具备怎样的领导力和怎样的思维品质？本文试图结合与中国一些具有代表性的企业家的几十年交流，对中外一些著名企业家的资料分析、观察和研究，进行一些以具象为主、抽象为辅的尝试性探讨。

“企业家”一词的英文Entrepreneur，源自法语，原意是指“冒险事业的经营者或组织者”，在16世纪的法语中是指“指挥军事远征的人”。在不确定性中寻求动态的确定性，这是企业家最本质的特征。投进去1元钱，预期赚10元钱，结果常常收获的是一地鸡毛：赔5元钱。这几乎是绝大多数企业家曾经和当下、未来始终面临的“生死之赌”，也因此，我们才会看到千年历史上众多前赴后继的商业巨子一夜间变得一贫如洗，乃至家毁人亡。有记载称：太平洋深处有300万艘沉船，除了少数的战船之外，大部分是商船。一次或者几次跨洋贸易，商人赚得盆满钵满，该歇手了吧？非也，持续冒险。

2015年一个冬日之夜，长城脚下一家五星级酒店咖啡厅，室外雪花飞舞，室内爵士乐时而咆哮奔放，时而忧郁低回，几位曾经的“闯海者”企业家，围坐在熊熊燃烧的壁炉前，频频举杯，醉醺状态下忆当年海南岁月：××安在？×××可好？其中一位突然失控长泣：几十年，熬得累啊……

20世纪90年代出版的《特区省的管理者们》收

阿特·克莱纳说，企业领导人往往潜伏在“地狱般的黑暗处”。

一家企业1%至5%的高管群体中，有多大比例来自市场一线、研发一线，恐怕也代表着一家企业的文化健康度、制度健康度。

录了 100余篇描写当时海南特区各类型企业家（近200位）的报告文学作品。多年后的今天，这些当年叱咤风云的人物大多已消逝于历史的烟尘中，有人积劳病亡，有人羁狱，有人落魄海外，多数人杳然无迹，今天依旧卓然不倒的仅余三五人。诚所谓**“善始者实繁，克终者盖寡”**。

几年前，在海口观澜湖一个小范围聚会中，海南第一任省委书记许士杰的秘书如数家珍地讲起许多当今著名的企业家，不无自豪又不无遗憾地说：海南是中国民营企业家的“黄埔军校”啊！的确，我熟悉或者有过一面或几面之缘的国内各行各业的老板们，他们中的不少人都有过“闯海”的经历。1988年10万人才下海南，南下了一大批怀着一腔热血的青年知识分子，北归了一群散落在中国大地各个角落的实业家、金融家、生意人。他们和中国各类型的企业家、商人相同，在过往几十年的市场经济大潮中，最大限度并以最大效能迸发个人的欲望、创造力和资源整合力、组织力，在为个人积累财富的同时，也直接或间接地为国家的现代化崛起洒下了汗水与泪水、青春与热血，乃至付出了身家性命。

阿特·克莱纳说，企业领导人往往潜伏在“地狱般的黑暗处”。因为没有人能够告诉他，走出暗渊的出口究竟在哪里，即使有人向他指出了通往未知的道路，还必须由他自己做出关乎输赢命运的最终决定，所以他是天然的冒险家。而对过往几十年的中国企业家而言，还必须面对其他非市场因素的高度不确定性。冒险，是企业家的第一禀赋。

冒险，并活下来了，活过历史的短周期的，有枭雄有英雄；活过历史的长周期的，有枭雄有英雄；活过历史的几个周期的，乃是不朽的英雄。

关于创新精神：预期锁定则结局锁定

巴菲特是冒险家吗？毋庸置疑。巴菲特是不是企业家？约瑟夫·熊彼特认为，**企业家是市场经济的灵魂，而企业家的核心特质是创新，所谓创新就是要“建立一种新的生产函数”，不断进行技术革新和生产方式的变革，不断颠覆旧的技术和生产方式，不断动态确立“生产要素的重新组合”**。依据熊彼特的理论，很显然，这个世界上从事商业活动的数千万人，他们只能被称为商人，从小商小贩到巨贾大亨，他们是人类经济活动中至关重要的基础链条，构成了国民经济和社会生活的强大网络。他们的贡献是巨大的，但他们依然不能被称为熊彼特定义的“企业家”。企业家是通过颠覆性创新“无中生有”的极少数人，是通过大量的微创新、累进型创新、跟随式创新推动技术与产品的市场化的少数人，是通过理念创新、制度创新、组织创新以实现技术、资本、人才诸要素最优化组合的极少数人。霍华德·休斯是，比尔·盖茨是，史蒂夫·乔布斯是，马克·扎克伯格是，埃隆·马斯克是，张瑞敏、任正非等人是。还有一些默默无闻的中小创业者，他们也许面对的困境重重，但他们选择在喧嚣的大时代孤独创新，他们可能甚至大概率会失败，但他们是企业家。在无数前赴后继的创新者的累累败绩之上，崛起的是一批优秀的企业和卓越的企业家。

有学者认为，**一个国家财富塔尖的1%至5%的群体中，有多大比例由从事直接价值创造的创新型企业家构成，代表着一个国家的产业健康度、经济健康度**。我由此联想：一家企业1%至5%的高管群体中，有多大比例来自市场一线、研发一线，恐怕也代表着一家企业的文化健康度、制度健康度。

卓越企业家的冒险精神、冒险决策、冒险行为大多是围绕着创新展开的，商人则是为了逐利，普通的企业家则吝于创新。

我们说企业家的第一要素是冒险，但事实上商

20世纪与19世纪、20世纪初那一代美国企业家有了显著差别。然而，这些企业家却拥有共同的行为特质：冒险，创新，征服，超越。

人的第一要素也是冒险。卓越企业家的冒险精神、冒险决策、冒险行为大多是围绕着创新展开的，商人则是为了逐利，普通的企业家则吝于创新。2018年年初，一个超级大国对华为发起了“全面围剿”，“我们公司从来没有这么危机过，痛苦过，无望过”，任正非在2021年年底如此坦陈两年多前的精神困境。“他就像个危局棋手，棋盘上只剩下一枚棋子可以走”，这就是聚集最精锐的研发力量，实施更大规模的创新战略，“向上捅破天，向下扎到根”，让科学家“拿着手术刀去杀猪”，夜以继日地“补洞”，争取尽早实现反向突围。与此同时，开展顶尖竞赛，支持全球科学家和青年才俊，并广纳天下英才。华为的研发投入2018年为1015亿元，2019年为1317亿元，2020年为1418.93亿元，2021年在销售收入下降 28.9% 的背景下，研发投入仍会高于上一年度（数据尚未公布），创历史新高。

预期锁定，则结局锁定。工程师和军人出身的任正非，再辅之以他罕见的挑战型人格，使得华为创立之初，就种下了技术创新的基因，华为最早的工商执照的经营范围是：气体悬浮仪设备开发与经营——这是任正非自己的研发成果。华为在创立的第5年，在任正非的提议和支持下，开始进行第一颗芯片的设计。华为早期10多年主要是跟随西方领先公司进行技术与产品方面的模仿式创新，后面将近20年，越来越加快跨越式创新、原创性创新的步伐，从而孕育了华为对抗危局的“一枚强大的棋子”。

从事高度抽象的拓扑斯数学命题研究的法国数学家、菲尔兹奖得主洛朗·拉福格评论道：华为所关注的包括产品的维度、技术的维度，以及与技术相关的基础理论的维度。“基础研究的探索属于华为长远眼光的一部分。华为许多人是从10年、20年的角度来思考的。”拉福格已加入华为法国数学研究院，他认为，“这是一场探索新世界之旅”。

关于使命精神：栖息在桥上，还是彼岸？

弗朗西斯科·迪马尔科·达蒂尼，14世纪的一位意大利巨富，“每天都生活在对战争、瘟疫、饥荒和暴动的恐惧中，每天都会接到坏消息”，在那个动辄出现宗教暴力将矛头对准经商者的时期，他一面心怀恐惧，一面冒险和创新。他是工作狂，也是一个控制狂，他创造了一系列散发着现代气息的商业范式与规则。在他去世后，他留下了15万封商业信件、500本账簿和300份合伙协议，他的企业的所有业务都有律师介入、有恰当的文书和最新的账目。这位无子女（也有说法，他有许多私生子）的大亨临终时，将其所有的资产包括现金、房产和文件资料捐献给他出生的小镇里的专为穷人设立的基金会。

达蒂尼的经商信条是：为了利润，为了上帝。

达蒂尼尊奉的商业信仰是“一杯复杂的、撕裂的、生硬混合的鸡尾酒”。在16至17世纪的宗教改革运动中，利润与上帝才具有了社会心理层面的因果性，在**加尔文、卫斯理等新教革命家的解读中，商人阶层被赋予了一种统一的悖论逻辑：世俗禁欲主义。追逐财富并非是邪恶的，而是上帝所嘉许的，关键在于赚钱的目的是什么，为谁而赚钱。卫斯理则为新教徒商人展现了一条救赎路径：尽其所能地赚取，尽其所能地节约，尽其所能地奉献。**

新教伦理成为资本主义经济的“观念发动机”，在美国，这种信仰驱动的“涡轮现象”席卷而来，全世界的资本、人才及怀有强烈饥饿感和巨大野心的冒险家纷纷涌入。安德鲁·卡耐基，一位从苏格兰移居美国的底层少年，后来成为美国最富有的人之一，他的名言是：“心满意足的人不会勇敢地面对汹涌的大西洋，只会无助地坐在家里。”这些商业枭雄或工业英雄像达蒂尼一样，“为了利润，为了上

中国企业家普遍到了一个“意义拷问”的坎时期，到了一个财富创造的动机重建的新阶段。

企业家精神也是多种内外动机塑造的结果。但就其本质而言，仍然取决于企业家的内在自觉。

帝”，从本杰明·富兰克林、卡耐基、科尼利尔斯·范得比尔特、托马斯·爱迪生、亨利·福特，到约翰·摩根、约翰·洛克菲勒……他们共同缔造了美国经济的迅速崛起与繁荣。

上帝与利润的“奇妙鸡尾酒”代表着老派的、美式的经典资本主义精神，但进入20世纪之后，一切开始变了。霍华德·休斯、比尔·盖茨、特纳·特德、乔布斯、巴菲特、马斯克、扎克伯格……如果系统阅读和比较这一代跨世纪的美国商业巨子的传记，你会发现，“以人类为中心”的人本主义、新自由主义、消费主义理念成为席卷一切的商业信仰，世俗的人取代虚拟的神，成为具象的、无所不在的“新上帝”。他们的精神结构与19世纪、20世纪初那一代美国企业家有了显著差别。然而，这些企业家却拥有共同的行为特质：冒险，创新，征服，超越。

德国社会学家齐美尔说，“金钱有一点像上帝”，但他进而说，“金钱只是通往最终价值的桥梁，而人是无法栖居在桥上的”。1992年海南岛的那个夜晚，浓缩着一代中国商人、准商人、未来商人强大的物质饥渴感和改变个人生存命运的炽热欲望。30年过去了，中国数量庞大的商人阶层崛起，但真正的企业家阶层普遍面临着精神焦虑与困惑：财富对一个人到底意味着什么？拥有“几辈子花不完的钱”之后，持续奋斗的动机究竟在何方？

当然，也有少数企业家和研究企业家精神的人在思考：我们的社会为什么没有诞生休斯、马斯克这样的企业“狂人”？我们一些前沿企业家在和比尔·盖茨、马斯克、扎克伯格同台对话时，为什么在精神气质上有那么强烈的反差？我们的社会和企业家到底缺了些什么，需要补上哪些必不可缺的元素？在长达40年的原始积累和粗放式扩张之后，毫无疑问，中国企业家普遍到了一个“意义拷问”的时期，到了一个财富创造的动机重建的新阶段：**“我国的企业家们要普遍建立中华文明结构之上的、超越财富榜之外的形而上的追求。”**

做饱满的人：关于奉献精神

企业家是自我力量和外部力量共同塑造的结果，企业家精神也是多种内外动机塑造的结果。但**就其本质而言，仍然取决于企业家的内在自觉，包括使命自觉、动力自觉、伦理自觉。**

谁缚汝？你自己。同一片天空下，为什么美国能够诞生伟大的工业家福特和伟大的科技企业家乔布斯？为什么中国的土地也能够孕育出卓越的科技企业家任正非？卓越企业家与普通企业家的不同，在于前者始终拥有雄心，拥有冒险气质，拥抱创造和创新精神，他们是少数在精神和意志层面饱满的人，同时他们也普遍乐于奉献。

“君虽独丰，其何福之有？”（《左传·季梁谏追楚师》）一个人在牌桌上赢尽了所有的筹码，他的幸福首选项应该是什么？散掉筹码！让牌局得以继续。而更明智的策略和更高的伦理观则是，从牌桌支起来的那一刻，价值共享的理念和分配规则就大致确定了。一流的企业家们无比清楚，当他们确立了一种具有强烈冒险性质的使命框架时，就必须同时确认一种因果性力量：“以奋斗者为本”。罗纳德·科斯说：“一个不需要支付成本的承诺是不值得相信的。”任正非说：“如果我不要钱，我们就拥有了世界。如果我要太多的钱，世界就缩到了我们家。”乔布斯仅持有苹果公司极少的股权，却缔造了一个商业帝国。任正非仅持有华为0.75%的股权，在他34年间不断将99%以上的股权滚动稀释给员工的过程中，华为从极低的起点走到了世界领先地位。

一流的企业家们无比清楚，当他们确立了一种具有强烈冒险性质的使命框架时，就必须同时确认一种因果性力量：“以奋斗者为本”。

“人类必须属于某一个部落”，但我为什么要

除了显性和隐性的激励机制以外，企业家的个人抱负和企业家所营造的集体抱负是至关重要的吸引因素。

加入这个部落而不是另一个部落？为什么我要从先前的部落跳到新的部落？除了显性和隐性的激励机制外，企业家的个人抱负和企业家所营造的集体抱负是至关重要的吸引因素。当一家企业丧失集体抱负，当企业的既得利益阶层整天盯着股票的起伏曲线时，当企业家守着百亿、千亿、万亿元的市值，却不愿面向未来的不确定性进行密集的战略投入时，组织中对大大小小特权的追求就会泛滥起来，老板被封神，组织被切割成了一个个虚拟的以“土皇帝”为圆心的“土圩子”，有才华、有雄心的人就成了边缘人。至此，企业家精神就退化和异化了。

企业家奉献精神的另一面是：在他将物质化追求的商业组织塑造成一群人的精神图腾的过程中，他自己最先成为“使命与理想的囚徒”。他总是尽量释放自己被限制的创造力，不断将戏剧性事件和冒险带到组织中，这包括对前沿科技保持敏感的想象力和洞察力，包括牵引企业面向未来的偏于激进的、持续的战略投入，包括在组织上不断进行吐故纳新，在文化上不断推陈出新。他们就像珍爱自己的身体一样，一生都在为“反死寂”而战斗，以对抗组织演化必然带来的普遍麻木与懈怠。乔布斯是一个至死都活在宏大梦想中的英雄，马斯克是一个永远活在“一切皆有可能”的彼岸世界的英雄，而任正非几乎全部的思想空间和行为半径都被华为填满了，因此，在与他频繁往来的人们的评价中，他是一个“心中只有华为的单调的人”，一个“孤独英雄”。

当我们推崇企业家的奉献精神时，通常的概念与内涵总是模糊的，但有**三个重要的指标最能展现企业家的奉献精神、牺牲精神：一是拿出多少真金白银与员工共享；二是拿出多少真金白银投入创新；三是付出多少身心与时间倾注于企业。**

战斗？屈服？或“采菊东篱下”？

一位18世纪的英国哲学家写道：当一个人知道他将在两周内面临厄运时，他的思想会非常专注。那么，他会专注于战斗，还是专注于屈服？这是一个极限拷问，但也是改革开放40多年来，中国许多民营企业家的心路写照。我认识几十位著名企业家，他们几乎每个人在创业的几十年中都经历过炼狱般的厄运，都面临过无数次“战斗，还是放弃”的灵魂煎熬。**有位自谓“伤痕累累23年”的企业家两年前问我：“美国打压华为，如果任正非一步步往后退，会发生什么？”我答：“帅溃，则兵溃，兵溃如山倒。”** 2021年10月，此君宴我，先自饮三杯，再叩杯于桌长叹：“任正非给中国企业家立了个标杆啊！没有退路就是胜利之路！”

事实上，哪一家走过几十年以上的企业和企业家不是在一次次的绝境中走向重生？有兴趣的读者可以阅读一下周掌柜的文章《德国博世百年风雨启示录：向死而生》，讲的是一家著名的德国老牌企业的生死沉浮。中国企业家也许能从中得到许多精神观照。一大群掉进火山的小鸟，大多在严酷的市场环境中消失了（或者避离了），烧不死的鸟则是凤凰。凤凰涅槃啊！

我们在前面讲了企业家的四种精神特质：冒险精神、创新精神、使命精神和奉献精神。冒险在某种程度上是生理层面的多巴胺爆发和社会心理层面的共相振荡的混合体，仅少数人具有这种禀赋，如赌徒、企业家。**但杰出的企业家必须将冒险精神导向创新和创造，这是他们和赌徒、普通生意人、一般企业家的本质区别。**正因此，他们也必须为自身、为企业确定一种超离于物质形态的“意义结构”，确立一种富于张力的使命、愿景和价值观。也正因此，财富对他们而言仅是达成使命和愿景的工

企业家奉献精神的另一面是：在他将物质化追求的商业组织塑造成一群人的精神图腾的过程中，他自己最先成为“使命与理想的囚徒”。

什么是真正的、卓越的企业家？答案是被“生命中不可承受之轻”绑架了的极少数人。

具，是一件随时可以甩掉的“轻飘飘的斗篷”。他们自身无不成了被使命与理想所役使的“永动机”。

“事了拂衣去，深藏功与名。”首富范蠡携天下第一美女西施远避红尘喧嚷、泛舟于无忧江水之上的故事，是一个美丽的传说，但传说战胜不了多巴胺。我熟悉的一位企业家，开公司前在部队当过团长，七八年前因为一次重大挫折移居澳洲，公司委托他人打理，运转正常。他理应可以如范蠡一般，在异国的青山绿水间过潇洒人生，他是个诗人，也曾向往如陶渊明一般“采菊东篱下”。与寒士陶渊明不同的是，他拥有数亿元家产，却绝无陶公的心境。每次从国内回到澳洲，时常站在他家半山腰的宅邸前，对着天空、绿树和大群的飞鸟，自我调侃地一遍遍挥手：我的兵都在哪里？

什么是真正的、卓越的企业家？答案是被“生命中不可承受之轻”绑架了的极少数人。他们与卓越的科学家、艺术家、思想家、政治家在精神界面上是相通的。而所谓企业家精神，从本质上讲，也与人类其他杰出分子的精神结构是一致的。

5年前，那位移居澳洲的企业家回到深圳，回到公司再次掌舵。舰长重归舰船上。

编辑：曹雨欣

从三国人物看领导力

赵玉平 独家口述

央视《百家讲坛》主讲人
九思书院创办人

从中国传统文化中探求管理思想，是中国管理学界的重要课题，也为企业管理界所乐见。然而，如何更好地吸收中国传统文化的养分，使之与现代管理相融，为己所用？答案众议纷纷。文化学者赵玉平常以四大名著等传统经典为喻体，深入浅出、生动形象地解读管理学，让我们一起听听他从中国传统文化中领略的领导力智慧。

很多商界、学界人士期望能从国学中挖掘管理思想。用好传统文学名著的宝贵资源，传播管理理念、复兴中国传统文化就可以事半功倍。

中国式领导力围绕人心做文章

如何提升领导力？我认为，当领导、带队伍，一要善于激励，二要顺畅沟通，三要树立威信，四要能够选人、用人。要积累这些素养，单纯依靠个人经验通常是不够的，师带徒、父传子往往也不能因材施教，存在教学局限，因此有必要引入更多学习方法、参考思路。

中国传统文化中的经史子集、二十五史、四大名著，包含大量人物、案例，在展示领导行为、领导素质方面有独特的丰富的素材，从中可以系统地学习激励、沟通、立威、用人，如果站在当代的博弈论、信息经济学、人力资源、社会心理学、组织行为学等角度去研究、提炼、解读，更是可圈可点、异彩纷呈。

如果我们经常回头，内心就会更加笃定，走向未来的脚步就会更加有力。因此，当领导、带队伍，有必要认认真真地学习传统文化、阅读传统经典，立足更高的层次、更多的角度和更深入的眼光，借助管理学、心理学和博弈论等视角，整理、总结规律，在规律的辅助下找到出路、抓住未来。

事实上，**中国的企业家、知识分子、老百姓，也的确或自觉或不自觉地一直在接受传统文化的滋养，内心都有传统文化的底子与情怀。**例如，曹德旺先生有一本自传，书名叫《心若菩提》，不讲输赢和奋斗，更不讲营销和品牌，而是浸润着传统文化的味道。细细思量，传统文化对我们的影响和西方管理学理论的确不一样。

西方管理学的起点是1911年“科学管理之父”泰勒出版《科学管理原理》，讨论了动作研究、计件工作、生产运作等。后来有马克斯·韦伯研究官僚组织、科层制，再后来有人文主义大师马斯洛、哈佛大学的梅奥以及彼得·德鲁克等人。纵观西方管理学家的管理理论，可以归纳为两个字——规范，无论是研究数量标准，还是研究流程衔接，总之是围绕规范做文章。

对比来看，中国的先贤圣哲、历代帝王、经史子集、二十五史、四大名著，浓缩在一起是什么？也是两个字——人心。**中国传统文化，是围绕人心做文章。**

所以，如果跟西方人谈领导力，他会问规范在哪里、流程是什么。但是如果跟中国本土的资深管理者谈领导力，他常常会关注人际关系、人的需求与人心。来自人，为了人，通过人，借助人，管人管事，做人做事；如果离开了人，就什么都没有了。我认为这是中国管理学跟西方管理学最大的区别。很多人可能会追问哪种模式更好，其实，在管理实践上不存在简单的好或不好，重要的是合适不合适，没有必要凭空制造冲突。

当领导、带队伍，一要善于激励，二要顺畅沟通，三要树立威信，四要能够选人、用人。

我们不妨把《三国演义》当作感知中国式领导力的落点，以刘备为代表的英雄人物在汉末三国的征伐中展示出了令人惊叹的领导力，非常值得当代企业家借鉴：

首先，要善于识人、选人、用人。刘备本是织席贩履之辈，草根出身，白手起家，最后终于三分天下。转折点在哪里？三顾茅庐请出卧龙先生诸葛亮，找到了团队发展必需的关键人物，整个局面就打开了。再看孙权，19岁接管江东时六郡八十一州风雨飘摇，内部不稳、外有大敌，然而整部《三国演义》里孙权在位时间最长，江东政权在魏、蜀、吴三方里存续最久，根本原因就在于江东孙氏善于笼络豪强大族，周瑜、鲁肃、吕蒙、陆逊，中流砥柱代代迭出，“群英会”典故就出自江东。至于曹操阵营，文臣武将更是数不胜数，荀攸、荀彧、郭嘉、贾诩等为谋士，诸曹夏侯、五子良将等为爪牙，不论门第、唯才是举正是曹操的用人之道。

整部《三国演义》，现象特别复杂，规律极其简单，一句话可以点明魏、蜀、吴三方发展的核心：员工干活用能力，领导干活用能人。正所谓化繁为简，通过一个人管住天下人。领导的艺术本质上就是调度人的艺术，判断一位领导者的水平，不用看他做什么事，要看他用什么人做事。

其次，远见、大局观、方向感至关重要。山雨欲来风满楼，合格的领导者能够嗅到变化的气息，马上采取行动；领导者如果远见不足、大局观不够，团队往往就要崩盘。比如，诸葛亮向刘备提出《隆中对》，一定要和孙权联盟，合力抗曹，刘备欣然接纳，这就是大局观、方向感——第二名和第三名联合起来与第一名斗争，小到市场博弈，大到国家对抗，理智的三方博弈都是遵循这个规律。

最后，领导者自身要格局高远。刘备一生识人、用人的高光时刻莫过于白帝城托孤，在病逝前将幼子刘禅和蜀汉托付给诸葛亮。遍观中国历史上皇权和相权的关系，就像现代企业一样，其中贯穿着所有权和经营权的矛盾：有时所有权强势，就打

《领导的气场》

赵玉平 著
北京联合出版公司
2021年8月

压经营权；有时经营权强势，还会打压所有权。反观刘备这位蜀汉创业的“董事长”，生前与诸葛亮这位“职业经理人、总经理”的合作可谓“如鱼得水”，临终托孤更可以说是肝胆相照，他们也因此成为君臣关系的千古垂范。

白帝城托孤时刘备做了什么？他给刘禅留下遗言：“汝与丞相从事，事之如父。”——我死之后，诸葛亮就是你的“相父”。这在中国历史上极其罕有，这对诸葛亮来说是多么大的信任、多么大的荣誉。非但如此，刘备更告诉诸葛亮：“若嗣子可辅，辅之，若其不才，君可自取。”——我儿子要是不行，你就自己当老大。诸葛亮什么反应？他跪下说：“臣敢竭股肱之力，效忠贞之节，继之以死！”

这正是刘备的格局高远之处，弘毅宽厚、光明正大、知人重士，不囿于一家一姓之私，完全认可诸葛亮的德行与能力，也完全给予诸葛亮信任和授权；诸葛亮也没有辜负刘备，可以说是“君以国士待我，我必国士报之”，鞠躬尽瘁，死而后已。

退一步说，刘备托孤也是极高明的领导手段——不是制度手段，而是心理手段。托孤是荣誉锁定，让诸葛亮做“感动蜀汉十大人物”“企业十大明星”，成为忠诚、正义、责任的榜样。堂堂孔明、卧龙先生，将来万一言行不一，岂不是“啪啪打脸”？这对普通人来说可能无所谓，但诸葛亮是经天纬地的大人物，加上自身有汉室情结、“偶像包袱”，承受不了形象坍塌，所以不可能言行不一致。

当领导、带队伍，用制度手段叫技术，用心理手段叫艺术；西方优秀管理者是技术专家，中国优秀管理者是艺术大师。每一个领导者都有必要想想，如果制度手段真的不起作用了，还有没有心理手段来管好队伍。

中国传统文化，是围绕人心做文章。

延伸来看，纵观刘备一生，人格、人设、人品就是他的无形资产。他和官宦世家出身、背景好起点高的曹操、孙权不一样，民间往往更喜欢他；曹操、孙权可以狠、可以阴，而他更像一个普通人，草根出身，白手起家，没有资源挥霍，只能依靠朋友，一次次奋斗、失败、再奋斗。

领导的艺术本质上就是调度人的艺术，判断一位领导的水平，不用看他做什么事，要看他用什么人做事。

而且，刘备一生有特别的一点：帮陶谦守徐州，得到徐州；帮刘表守荆州，得到荆州；帮刘璋守益州，得到益州。这就是帮他人寻找出路，自己就有了出路，或者说“将欲取之，必先予之”。

很多人每天想的是“拿”，想的是自己能得到什么，而优秀的领导者每天想的是“给”，想的是能为团队带来什么，这就是格局不一样。索取的路会越走越窄，付出的路会越走越宽。格局高远的企业家一定是付出型的人，用付出守住团队、守住资源、守住荣华富贵。

“人人努力，而非人人竭力”

提升了领导力，归根结底要落在对团队的带领、对人力的激发上。当前，很多企业也提出了“员工是企业最大的财富”等口号，但如何实践这种口号、如何用好员工这一财富，客观上存在争议和差异，甚至引发了“996”“35岁危机”等全社会关注的话题。在用人的问题上，中国传统文化的宝库里同样有大量案例可以带给我们启示与思考。

例如在春秋时代，齐桓公特别喜欢驾马车，还找来了一位天下第一的驾车高手，能让马车跑出飞一样的速度。贤相管仲问驾车高手：你有什么特殊之处？驾车高手说：我能让每一匹马都使出最大的力气，玩命向前跑，车子就能跑得飞快。于是管仲告诉齐桓公：这人要开除，这车不能坐，不然，十天之内必定出事。齐桓公不信：咱俩打个赌，十天之内要是不出事，罚你半年工资给车夫。

结果，不到十天，这辆马车大白天在闹市就翻了，车毁人亡。齐桓公问管仲：你怎么知道要出事？管仲答道：我听说马要休息，要放松，要照顾小马驹，如果让它一天到晚、一年到头都玩命拉车狂奔，它身体扛不住，精神更扛不住，肯定会翻车。

这个事例告诉我们，应该追求人人努力，而非人人竭力，努力造就精彩，竭力带来灾难。很多领导者存在认知误区，习惯要求每个下属都竭力为公司工作，这实际上是杀鸡取卵。从长期视角来看，这是对人力资源的过度损耗，培养了几年的人才可能因此筋疲力尽、早早退出岗位。从管理视角来讲，万一有人在职期间累出意外，公司扛得住吗？

所以我认为，能够激发人人努力，而非强求人人竭力，这才是高水平的领导者。员工在工作中付出八成精力就很好，至少要留两成精力，一成用来照顾家庭，一成还要学习知识、锻炼身体。为什么会有一些领导者存在认知误区？关键还是理念问题。一些领导者理念不清晰，方法特别多。事实上，理念比方法更重要，有了正确的理念，会自动产生方法。那么，正确的理念从哪儿来？中国传统文化中就有大量理念可以借鉴。要想做得大，先要学文化。

还有一些企业面临着人力资源效能无法发挥的状况，人岗错位，虽有人才却不能正确使用。《三国演义》里，刘备取益州的时候就有相似的例子。

比如法正，原本是益州牧刘璋的属下，但是不受重视、遭人排挤，于是就投奔了刘备。这就像现在所说的“此处不留爷，自有留爷处”。如今的职场上也是一样，很多人忠于事业而非忠于职业，忠于前途而非忠于公司。公司能让我好好干，我就跟着干；不能让我好好干，我就换公司。

当领导、带队伍，用制度手段叫技术，用心理手段叫艺术；西方优秀管理者是技术专家，中国优秀管理者是艺术大师。

法正转投刘备，折射出刘璋统领益州既有领导力的问题，也有用人制度的问题。刘璋暗弱，选人用人眼光不好，制度也不公平，于是引发了法正“跳槽”。法正引狼入室，刘备遂得益州，可以说，刘璋失一人而失天下。

比如张松，原本要把西川地理图献给曹操。曹操一生有两次离一统天下最近的机会，第一次是赤壁之战，第二次就是张松献图，只要拿到西川地理图，得了西川、汉中，天下就在囊中了。但在两次机会面前，曹操都犯了同样的错误、栽了同样的跟头——自大。赤壁之战时，曹操志得意满，对黄盖诈降不做防备，结果中了火攻；见张松的时候，曹操瞧不起张松，觉得他形象不好、行为怪异，对他不搭不理。

格局高远的企业家一定是付出型的人，用付出守住团队、守住资源、守住荣华富贵。

结果如何？张松在曹操面前受了委屈——你瞧不起我，我干吗还献图给你——于是去见刘备。刘备对张松远接近迎，礼贤下士，三日一小宴，五日一大宴，原来不打算把地理图给刘备的张松被感动了，于是向刘备献图，刘备从此打开了入主西川的大门。

从上面的事例来看，可以说刘璋是糊涂的，没有制定选贤任能的机制，没有用人的眼光；曹操也是糊涂的，缺乏谦虚低调的理性。相比之下，刘备至少在这两方面都做得更好。

所以，法正和张松的例子可以为用人带来三个方面的启示：

第一，制度要到位。一个团队要真正建立公平公正、选贤任能的制度。

第二，文化要到位。制度从哪里来？制度是文化的产物，所以必须要有鼓励先进、保护先进、弘扬正气的文化。一个好的团队应该关心人才、尊重人才，让人才过得好，而不是让玩心机、搞权术、斗心眼的人过得好。

第三，领导力要到位。要做好文化建设工作，无非是宣传、贯彻、发动、榜样、示范；要开展文化建设工作，领导力一定要到位。一个昏昏沉沉、糊糊涂涂的领导只会把好事办坏，刘璋就是这样，把

“沃野千里、天府之国”的一手好牌打得稀烂。

因此，**员工能力不是团队的天花板，领导者的领导力才是团队的天花板。要判断一个团队的前景，不用看太多份额、增长、成本、利润，一定要看领导者手下有没有高人、怎么用高人。**

领导者应该多读读经典名著

归根结底，领导者的领导力至关重要，而汲取中国传统文化中的管理智慧，是提升领导力的重要途径。就像日本“经营之神”松下幸之助所说，“三国人物的智慧，是我最好的老师”，领导者应该多读读经典名著。

我认为，**管理小团队，就看《西游记》**，一个领导四个兵，白龙马也是员工。唐僧取经实行的就是小团队管理，一个小团队里有信念导向的唐三藏，有荣誉导向的孙悟空，有欲望导向的猪八戒，有情绪导向的沙和尚，有安全导向的白龙马。如何处理好小团队里各色人等的关系，启示就在《西游记》里。

管理大团队，就看《水浒传》，揣摩一个领导怎么带领107条好汉。英雄座次怎么排，历来是难题，梁山弹丸之地要安置一百单八将，更要命的是候选人都是带刀带枪的。可宋江就能把座次排得领先的不傲、落后的不闹、安定团结人人笑，这就是领导力。看《水浒传》怎么看？一是看宋江的领导权威，二是看团队的干部安排。

学习团队竞争，就看《三国演义》。《三国演义》里有太多斗争故事，单说江东政权，就有路人皆知的赤壁之战、夷陵之战，还有石亭之战——周鲂断发赚曹休。回顾历史可以发现，江东政权作战常用两个套路，一是火攻，二是诈降：赤壁之战里黄盖诈降曹操，用了火攻；夷陵之战时陆逊引诱刘备深入，用了火攻；石亭之战中江东将领周鲂则是断发

应该追求人人努力，而非人人竭力，努力造就精彩，竭力带来灾难。

诈降，骗得曹休领军出动后拦腰劫杀，曹休一败涂地，不久羞愤而死。所以争锋天下，兵不厌诈，东吴善用计谋这一点值得后人揣摩。

而且，江东的孙权有一点了不起，关键时刻总能调动关键少数：赤壁之战时力挺少数主战派，支持周瑜、鲁肃，一把火烧出千载威名；夷陵之战时起用年轻将领陆逊，面对刘备大军，火烧连营八百里；周鲂断发赚曹休时只是一个太守，孙权却肯听从他的计策，和他大唱双簧，把他骂得狗血喷头，让他断发谢罪、假意归降曹休，这才有了石亭之战大胜。所以，孙权这种锁定、信任、支持关键少数的眼光，这种知人善任的领导力，特别值得现在的领导者学习。

一个好的团队应该关心人才、尊重人才，让人才过得好，而不是让玩心机、搞权术、斗心眼的人过得好。

历史是不会简单重复事实的，那些人、那些事已经过去了，但是，历史会反复重复它的规律，掌握属于人类社会的底层规律，就能更好地把握面前的生活。技术日新月异，科技发展一日千里，人与物的关系每天都在更新，但是，人与人的关系，人心、人性、人际，都有很多不变的东西，锁定这些不变的东西，就能在变化的大时代创造属于自己的辉煌，创造属于这一代人的精彩业绩。每一代人都有自己的长征，但是在自己的长征中，一定不要忘记回头看一看，前人是怎样长征的。这就是我们学习中国传统文化的真义所在。

扫描二维码
阅读全文

本文摘编自正和岛访谈栏目《管理大家说》第5期
内容有删减
采编：王夏苇

春风朝哪吹？春天何时回？春心为谁动？山中问红梅。

插画摘自 @ 老树画画

有料 EXPLORATION

元宇宙的分歧与机会

想象你住在游戏《动物森友会》里的一个岛上，每天打工做任务，并且出售自己设计的家具和服装，用挣来的钱叫了一份外卖，还买了一个虚拟艺人演唱会的票。在演唱会上你认识了几个朋友，并相约在线下见面……创造性游玩、开放式探索、与现实连通，一起走入元宇宙的世界[1]。

元宇宙发展脉络

1992年，Neal Stephenson的科幻小说《雪崩》中提出了“Metaverse”（元宇宙，汉译本译为“超元域”）和“Avatar”（化身）这两个概念。书中的故事发生在一个现实人类通过VR设备与虚拟人共同生活在一个虚拟空间的未来设定中。

2021年，可以被称为元宇宙元年。元宇宙呈现超出想象的爆发力，其背后是相关元宇宙要素的“群聚效应”，近似1995年互联网所经历的“群聚效应”[1]。

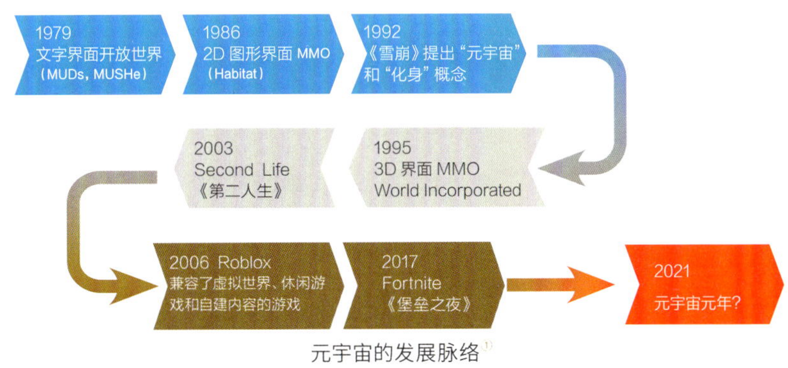

元宇宙的发展脉络[1]

① 清华大学新闻与传播学院新媒体研究中心：《2020—2021年元宇宙发展研究报告》。

这一年，全球科技巨头依据自身资源禀赋的不同选择不同的切入方向，围绕六大板块展开竞争（见下表）。

元宇宙元年全球科技巨头围绕六大板块展开竞争[1]

六大板块	代表企业	布局
硬件（VR/AR/MR/脑机接口）及操作系统	Oculus、苹果、索尼等公司	将于2022年发布新一代的VR/AR设备
后端基建（5G/算力/云计算/边缘计算）	微软、高通、华为、亚马逊、阿里巴巴等	基于技术积累不断夯实底层基建
底层架构（引擎/开发工具/数字孪生/区块链）	英伟达、Unity、Epic Games等	布局底层工具
核心生产要素（人工智能）	百度、Google等	人工智能优势突出
内容与场景	Facebook、Roblox、字节跳动、腾讯、网易、索尼等	聚焦内容生态及场景的搭建

注：VR/AR将是继PC电脑、智能手机之后的下一代消费级计算机科技产品，其产品形态将会遵循类似从PC电脑（VR/AR头戴式显示器，简称头显）到智能手机（智能VR/AR眼镜）的发展路线。

从热度高涨到真正产品成熟落地的这段时间，即2022年，我们预计将进入分歧期。分歧期只是外界对元宇宙的看法，从中长期来看，元宇宙作为新的计算平台是确定性的方向，有格局、眼光、定力、使命感的团队越是在分歧期，越逆势投入。当然，分歧期终会结束，迎来景气上行期。

2022年预计有重大变化的领域[2]

硬件	内容	底层架构	协同方
·VR/AR硬件出货量 ·VR/AR硬件的迭代 ·新感官硬件的出现	·全新内容的催化 ·触感游戏 ·强交互游戏 ·……	·Omniverse赋能更多行业 ·华为AR眼镜及河图进展	·产业的每一次轮动均会有新的协同方跟进

中小型创业公司的7个切入点

首先需要指出的是：客户为王、服务为王、创新为王都是极其重要的，仅仅从数字货币的角度考虑财富效应的切入点应该并不长久。

1.超级虚拟偶像

元宇宙的超级虚拟偶像在之前的基础上又有了很多新的特点。这一代虚拟人在技术和文化上有

① 清华大学新闻与传播学院新媒体研究中心：《2020—2021年元宇宙发展研究报告》。

② 北京大学汇丰商学院联合安信证券：《元宇宙2022—蓄积的力量》。

有格局、眼光、定力、使命感的团队越是在分歧期，越逆势投入。

了新的突破，除了全息技术，还有VR、AR、XR等新设备的参与，或以虚拟形象搭配真人联合制作视频等。虚拟偶像这类虚拟人引入由于其商业模式的成熟度，早期盈利的可能性很大。

2.数字艺术品

NFT（非同质化代币）的成熟发展将进一步加速元宇宙经济系统落地。目前，NFT正在彻底改变品牌和IP所有者与消费者的互动方式。NFT在产品发布、活动票务、增值服务等方向潜能无限。在NFT相关的创业机会中或许有三种最为可行：第一种是NFT创作和发行的机会，也包括NFT运营平台的机会，这些都是和数字资产相关的；第二种就是和大品牌营销联动的机会，也就是创建一种新型的数字发行营销公司；第三种是NFT的多种实用性用途，比如防伪、门票等小的创新场景。

3.线上虚拟店铺设计运营

“90后”“00后”已逐步成长为主力消费人群，更容易接受元宇宙中的虚拟店铺理念。比如在超大型游戏中，如果未来是元宇宙级别的开放游戏，对于几十万、上百万的用户完全有可能形成虚拟店铺的电商形态，这个店铺的逻辑和电商网站是一致的。不过这类创新生意机会的时机把握是一个核心问题，目前似乎还没有超大型元宇宙游戏或社交平台给开发者提供这样的机会。3D世界或者元宇宙电商机会一定存在，“店铺形态和店铺+虚拟超级偶像形态”也可能同时融入商业模式中。

4.VR、AR、MR和XR设备创新运营

元宇宙的沉浸式体验特征使得VR、AR、MR、XR这些角度的设备成为重要入口。同时，各大VR线下体验店也竞相开业。这类创业公司在全国有多个线下网点，内容由一个云端的网站提供，线下一般只需要一两名管理员即可，不涉及线下收费，一切都是线上解决。这类商业模式已经成熟，其接受度正

在逐渐提高，只不过获得继续盈利能力还需要一个缓慢的爬坡过程。

5.虚拟人定制设计

品牌方面对虚拟世界的发展是有着强烈的需求的，这种需求不仅是从广告层面的展现获取流量，更重要的是，在科技快速发展的今天，所有行业都需要提高自身的科技感以保持领先性。在元宇宙大型虚拟世界社区中，类似数字替身的设计、制作自身独特的形象的需求大量存在，因此这是个很好的创新创业的机会，想象空间还是很大的。

在科技快速发展的今天，所有行业都需要提高自身的科技感以保持领先性。

6.虚拟演唱会运营

由于元宇宙的体验更加沉浸式和立体，这类运营机会肯定可以吸引一批有技术背景的新型玩家参与。虚拟偶像演唱会运营生意虽然目前还更多存在于现有互联网平台，但在奈飞等大型互联网平台推动下，在元宇宙平台中的发展是必然的。

7.品牌公司元宇宙营销服务

NFT另一个重要应用场景是品牌公司的NFT发行，这种营销机会中包括传统广告和营销服务机构帮助大型公司运营元宇宙活动，这需要深刻理解元宇宙平台特点，并具备很强的数字营销能力，对传统服务性企业来说是一个清晰的商业机会。可见，元宇宙营销服务公司未来可以在元宇宙大型生态平台和品牌企业之间，通过灵活的方式形成线上线下互动的营销服务，确定性非常高[①]。

编辑：刘靖阳

① 周掌柜：《元宇宙大爆炸：产业元宇宙的全球洞察与战略落地》，机械工业出版社，预计2022年3月出版。

BOOK 有书

王波 书单

中国财富出版社社长

"中国财富出版社成立40年来，秉持着'选择优秀文稿、挖掘美好阅读、坚守文化责任、创造出版价值'的出版使命，出版了许多精品图书。以下6本书是我社2021年度出版的财经类新书，欢迎各位读者品读。"

《新机与新局》
宋志平 编著

宋志平是中国上市公司协会会长、中国企业改革与发展研究会会长，也是多所商学院的教授。这本书记录了他对于企业如何应对2020年以来各种挑战、化危机为转机、守正出新、稳健经营、实现高质量发展等问题的思考，不仅能让企业家从中找到改革创新与经营发展的应对之道，更展现了中国企业家的所思所想和企业家精神，让广大读者知晓中国迈向新的百年征程的底气何在。

《支付经济》
孔建国 著

扫码支付、人脸支付、指纹支付、无感支付、数字人民币支付……我们正在进入支付发展的新纪元，中国支付已然成为中国经济发展的新名片。支付不只是交易的"终点"，更是中国商业社会数字化和智能化的"起点"，并已逐渐演变成一种商业现象——支付经济。

本书讲述了一个"后发制人"的中国支付故事，从宏观时代视角出发，立足系统化、全景式支付产业，娓娓道来中国支付领域的企业及其商业环境的发展历程，剖析时代趋势以及支付行业的发展特征，揭示了支付经济商业数字化新路径。

《奔向财富自由》
欧阳俊 著

财富自由不仅意味着物质财富的满足和自由，也包含精神财富的自由。本书以作者自身的企业经营实践和投资经历为线索，通过探讨国家经济发展历程、经济与金融基本概念、房地产与保险等行业背景、网络互助与分享经济等创新业态，展现财富观念建立与否对个人财富积累的巨大影响，为读者建立资产配置观念及实践提供切实可行的参考意见。

《天下货币》
马霞 著

本书观点犀利，作者认为现行的国际货币体系已经无法继续为全球贸易提供持续稳定的金融支持，只有消除现行货币体系的缺陷，建立新的、更优的国际货币体系，才能为经济全球化提供更光明的未来。

本书详细分析了美元主导的国际货币体系存在的问题，用真实的数据论证了美元霸权与国际贸易失衡之间的关系。此外，作者提出一个全新的概念——世界人民元（世界元），通过生动的场景设计介绍了世界元的生成路径，并运用严谨的沙盘推演验证了世界元的可行性。

《数字孪生》
郭沙 赵勇 谷瑞翔
李斌 郝放 著

数字孪生作为一项复合技术，与新一代数字技术深度融合，近几年来发展迅速，成为数字经济领域的重要基础支撑。

本书语言风格生动有趣，详细阐述了数字孪生的定义、体系结构、技术架构、产业化落地及未来发展趋势。书中既有严格的学科定义、技术要点，又有思维和观点的创新。作为数字经济时代不可或缺的技术，数字孪生的应用场景已拓展到新型城市建设、工业智能制造、智慧医疗、智能建筑、智能金融、智慧教育、数字文旅等领域。数字文明的发展滚滚向前，企业以及每一个人都需要布局自己的未来。

《长期价值主义》
华夏基石产业服务集团 主编

每一位志在高远的企业家用理想观照当下时，都应该基于长期价值主义，完成对企业的系统思考与顶层设计，制定并建设包括企业战略定位、价值观、激励机制、干部队伍等在内的企业成长大厦。

徐瑾 书单

青年经济学者、经济人读书会发起人

"在这个短视频的时代，阅读似乎是反人性的；但如果从人类大历史来看，阅读似乎又是我们天性的一部分。经济人读书会成立6年一路坚持下来，是集体努力的结果，无非希望在好书和爱书人之间搭建一个桥梁。这几本书，由我和读书会书友集体推荐，算是2021年最值得看的经济管理类新书。"

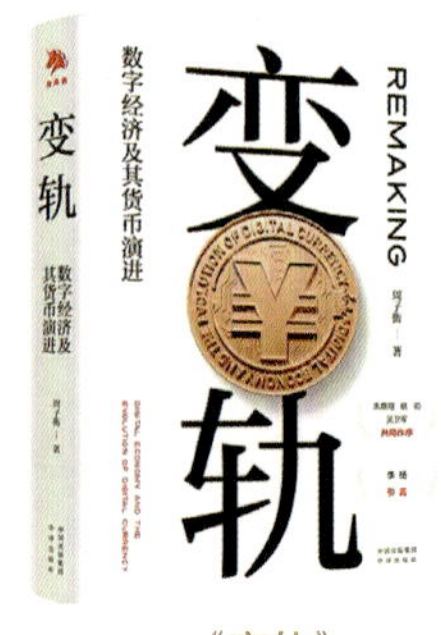

《变轨》
周子衡 著

市场与技术如何博弈？数字经济走向何方？货币数字化与数字法币的变革意味着什么？这些问题的提出，本身就弥足珍贵，周子衡博士在《变轨》中还给出了富有洞察力的思考。本书视野开阔，学术功底扎实，历史掌故信手拈来，更不乏想象力，值得一读。

——推荐人：徐瑾

《房间里的成年人》
[希腊] 雅尼斯·瓦鲁法克斯 著

此书是希腊财政危机时任财长的自述。作者身为著名经济学家和博弈论专家，讲述了出任财长时努力振兴本国经济，以及和欧盟、美国、重要国际机构谈判的故事，可以说，两项任务都不算完成得太成功（当然也不可能有一般意义上的成功）。不过，成功与否不重要，此书可看之处是了解现代国际政治的运行，亲历者颇为诚实的记述（在不涉及自身评价时），以及怨气加持的真挚吐槽。

——推荐人：沈大园 经济人读书会书友、资深出版人

《创新的资本逻辑（第二版）》
田轩 著

如果你也是一个不太愿意"走老路"、更喜欢向前看未来的人，那么很推荐你读读这本书。自留学攻读金融学博士，创新与资本之间的"相爱相杀"，一直是作者致力于破解的金融与创新交叉学科之"谜"。这本书可以说是作者多年探索及严肃思考之后所得成果的一个总结，也是自留学归国效力之后，对于中国创新转型的过去、现在和未来进行探究的一个小结。

——推荐人：田轩 经济人读书会书友、清华大学五道口金融学院副院长

《创新的起源》
[英] 马特·里德利 著

作者是贵族科学家以及科普作家，算得上稀有物种，写的书几乎本本精彩。本书维持了一贯的水准，对于我们目前热烈争论的一些重大问题，提出了强有力的争辩。

作者在书中提出了一系列系统观点。从来源角度看，创新是渐进的，往往是偶然的，包含试错；创新就是重组，创新是必然的；创新是一项团体运动，倾向于分散管理，大企业不擅长创新。从结果角度看，创新意味着节约资源，创造更多的劳动岗位，让我们彼此更加依赖。从科学与创新的关系看，不是从科学“流向”创新的单向流动，相反，是双向流动，创新既是科学之女，也是科学之母。

——推荐人：刘海影 经济人读书会书友、经济学者

《寻找经济最优解》
魏尚进 著

魏尚进教授的研究背景，使得他能够在前排体会国际金融与全球经济的诸多问题与症结，所谈也颇能切中时弊。

经济学告诉我们，资源总是稀缺的，很多纷繁复杂的现象背后，其实也存在清晰的逻辑主线。如果把决策当作一道题目，那么通过经济学这面透视镜，我们可以更简洁明快地把握其底层逻辑，也就是在诸多约束条件之下，得出现实中最优的方案。

也正因此，《寻找经济最优解》呈现了经济学在现实层面颇为动人的专业一面——显然，准确把握经济学的思路，不仅可以用于学术层面，也可以在现实层面发挥重大作用，尤其在全球化潮流面临断裂的当下。

——推荐人：徐瑾

“有书”书单已同步到
“正和岛商城”
可直接下单购买

商业领域最稀缺的资源是什么？答案可能有许多，但对人性的洞察、对世界的认知、对商业之道的参悟，是行走商业之路不可或缺的素质。品读一本好书，灵光乍现往往就在一瞬间。

《决策之道》特此推出“有书”栏目，分享企业家、学者、出版人等各界人士青睐的好书宝典。与深刻的灵魂对话，向思维的边界进发。汲取智慧，从读书开始。

有约 ZHISLAND TIME

2022企业家新年大课暨正和岛（海南）新年家宴

天涯逐梦，海角探春。2021年12月29日至2022年1月1日，以“拾级而上”为主题的“2022企业家新年大课暨正和岛（海南）新年家宴”在海口举办，正和岛创始人兼首席架构师刘东华，中国上市公司协会会长、中国企业改革与发展研究会会长宋志平，海南生态软件园集团有限公司总经理杨淳至，民进中央经济委员会副主任、正和岛首席经济学家王林，广联达科技股份有限公司董事长刁志中，方太集团董事长兼总裁茅忠群，百果园集团董事长余惠勇，苏州纳微科技股份有限公司董事长江必旺等数十位行业领军企业家和专家学者现场开讲，与全国企业家共话2022商业新趋势及硬核应对之策，共启“拾级而上”新征程。

此次企业家新年大课由海南省人民政府支持，正和岛主办，澄迈县人民政府、海南生态软件园管理局、海南生态软件园集团有限公司、海南正和岛承办。活动旨在为中国企业家带来认知升级的开年第一课，助力企业家把握海南自贸港建设的时代机遇，感受琼州大地的春潮翻涌。

助力企业家持续成长，让新商业文明的曙光温暖世界。10年来，正和岛秉承“爱并成就”企业家的初心，通过线上线下相结合的方式，深度服务了8600余位成长型企业家、86万企业决策者以及超900万新媒体用户。新10年开启，正和岛不断优化企业家服务产品设计。在本次企业家新年大课暨正和岛（海南）新年家宴现场，正和岛新10年企业服务、实践学习和合作链接体系正式发布。

寄语《决策之道》

正和岛内刊《决策参考》，
与岛邻同行10年，2022年焕新面市。
回望来路，共享真知，他们说：

我们身处在一个流变的时代，周遭所发生的一切，让我们充分意识到，世界正处于创新云涌时期，多角度的学习，让我们得以发现令人惊喜的新世界，虽然充满挑战与不确定性，但孕育着更大的可能性。《决策之道》立足于与中国企业家在一起，关注变化，面向未来，共生价值，共创成长。期待我们一起，用知识的光辉驱散无知，用学习的力量探索未知，并以此获得持续成长的基础和动力。

——陈春花 北京大学国家发展研究院 BiMBA 院长、正和岛首席管理学家

正和岛10年，这本《决策参考》也伴随我们走过了10年，我们知道对于企业家来说，决策是最关键的一步，世界上有85%的失败是因为决策失误而失败的，《决策参考》给了我们许多帮助，无论是涉及面的广度还是剖析的深度，都是一本非常优秀的书。

——王林 中国民主促进会中央经济委员会副主任、正和岛首席经济学家

《决策参考》我每期必读，并妥善保存，送给好友。

——汪建国 五星控股集团有限公司董事长、江苏正和岛岛邻

《决策参考》是我们成长到5500亿元的基础，每一期我的笔记至少有三种颜色说明我看了至少三遍，它是我们企业家真正的决策参考。在人生的路上，有两件事情一定要坚持做，那就是锻炼和读书，这也是企业家保持持续学习力的有效方式。

——王文银 正威国际集团有限公司董事局主席、广东正和岛岛邻

正和岛本来就是办刊物出身的，《决策参考》流淌着正和岛的基因的血脉。这些年我们有许许多多的大企业、好企业走在一起，走进了一个和谐的家庭，这本来就是一个大的学习环境。我们今天手上拿着这样一本《决策参考》，就如同拿到了我们的血脉的基因，我想对于企业的发展是非常有意义的。我也时常去翻看，希望从中找到企业发展的宝贵的、闪烁的智慧，对企业带来价值。希望《决策参考》越来越好，成为推动社会进步、企业发展的强大的知识平台。

——傅胜龙 大汉控股集团有限公司董事局主席、湖南正和岛岛邻

正和岛创建10年发挥了应有的作用，给予了更多企业家的信心和勇气，为中国社会和经济的发展做出了应有的贡献，而《决策参考》正是能够指导和帮助很多企业家倚道而行，进行战略决策、科学管理、更好发展的帮手，《决策参考》让我们能够心明眼亮，更好地可持续发展。

——蒋锡培 远东控股集团有限公司董事局主席、江苏正和岛岛邻

加入正和岛10年了，非常幸运，在这个平台上结识了很多精英，学到了很多东西，经常拜读《决策参考》，能够及时掌握国家的政策，在文化上也有很大的提升，受益匪浅。希望《决策参考》越办越好，得到更多人的喜爱。

——宋治平 吉林康乃尔石油有限公司董事长、吉林正和岛岛邻

这本《决策参考》我也是看了10年，它对我们企业家来讲非常重要，我们从中能够学习到我们当今最重要的政府的政策、市场的变化和风云多变的商界之道。这本书在我看来是越重要的人越要阅读，听说这本书要向社会公开发行了，我期待有更多企业家从中汲取更多信息，指引我们乘风破浪勇往直前，让我们在2022年拾级而上。

——何永智 重庆小天鹅投资控股集团有限公司总裁、重庆正和岛岛邻

通过对《决策参考》的学习，得到了很多知识，对全中国乃至全世界最前沿的科技、模式的创新、文化等方方面面的学习都让我们受益匪浅。正和岛和《决策参考》不仅照亮了我们视野中前行的身影，也照亮了我们心中那座永不消逝的岛屿。

——彭学平 学平大健康产业集团有限公司董事长、重庆正和岛岛邻

自己从一个懵懵懂懂的企业家一直走到今天，从《决策参考》中得到了许多思想上的启迪，我认为企业家经营的本质上就是要不断突破自我认知，不断扩展自己整个知识结构的边界，《决策参考》就是专门针对我们企业家，给予我们助力的非常优秀的书。

——吕曦 英扬传奇整合营销集团董事长、广东正和岛岛邻

《决策参考》对我们招商引资，了解一些重大的产业发展前沿方向非常有帮助，每年我们做吉林省重大招商引资活动安排、计划，《决策参考》都给了我们很多好的启示，特别是对国内的一些大的经济形势的分析，使我们更加精准招商，推动了很多大项目。《决策参考》不仅对企业家有帮助，对我们政府从事经济管理、招商引资的人员看清大势，看清产业、经济走向也有很大帮助，这本书已经成为我重要的工具书。

——吴俊民 吉林省商务厅二级巡视员